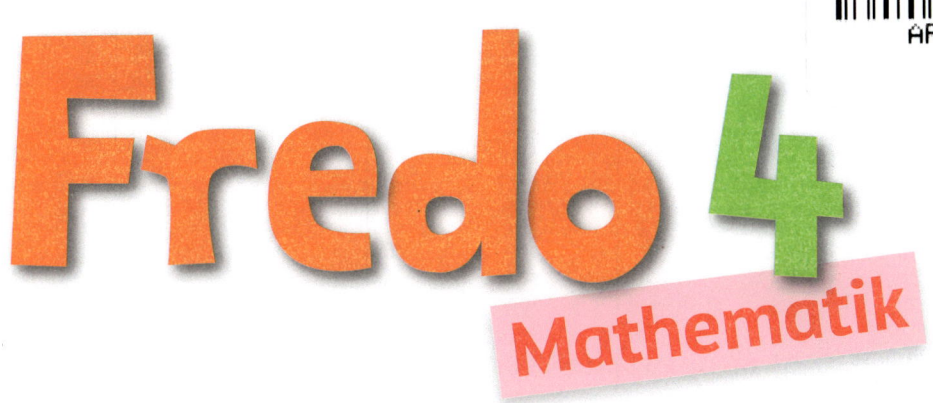

Förderheft

Erarbeitet von
Mechtilde Balins
Rita Dürr
Nicole Franzen-Stephan
Ute Plötzer
Anne Strothmann
Margot Torke

Unter Beratung von
Christian Bussebaum,
Mathematisch-Lerntherapeu-
tisches Institut Düsseldorf

Illustriert von
Cleo-Petra Kurze
Martina Theisen
Friederike Ablang

 Deine **interaktiven Gratis-Übungen** findest du hier:

1. Gehe auf scook.de.
2. Gib den unten stehenden Zugangscode in die Box ein.
3. Hab viel Spaß mit deinen Gratis-Übungen.

Dein Zugangscode auf
www.scook.de | xd7rh-nx83k

Oldenbourg Schulbuchverlag, München

Inhaltsverzeichnis

* Das vorliegende Förderheft enthält die Zusatzseiten 72 bis 79 passend zum Schülerbuch Fredo 4 Ausgabe Bayern. Gemäß der Vorgaben im LehrplanPLUS sind daher folgende Seiten entsprechend zu ersetzen: S. 7, 33, 39, 44, 45, 52, 53, 64.

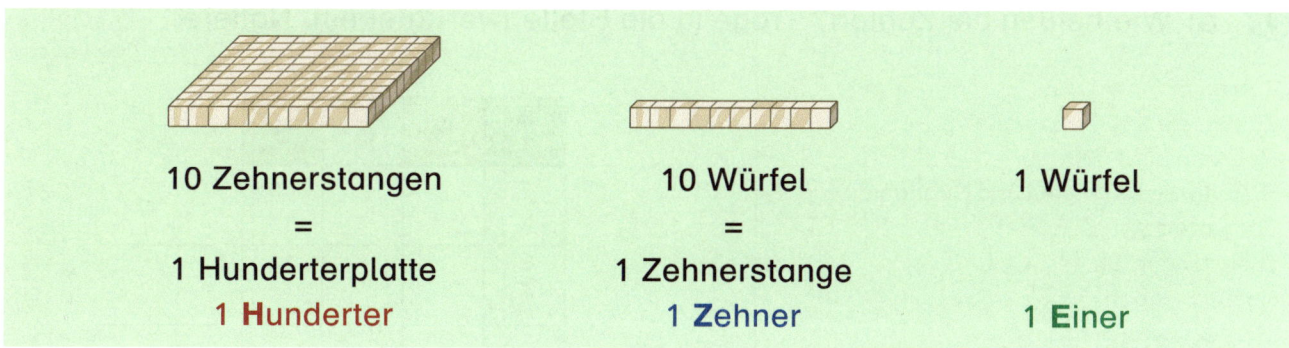

10 Zehnerstangen	10 Würfel	1 Würfel
=	=	
1 Hunderterplatte	1 Zehnerstange	
1 **Hunderter**	1 **Zehner**	1 **Einer**

Lege mit den Zahlenkarten. Lies die Zahlen. Schreibe als Additionsaufgabe.

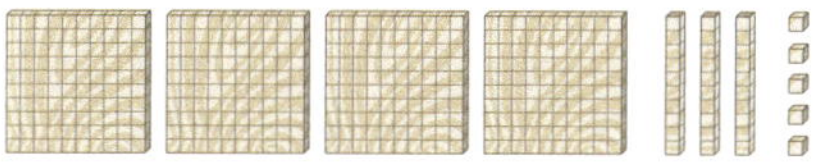

4	3	5

400 + 30 + 5 = _____

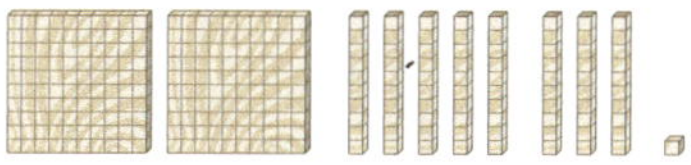

_____

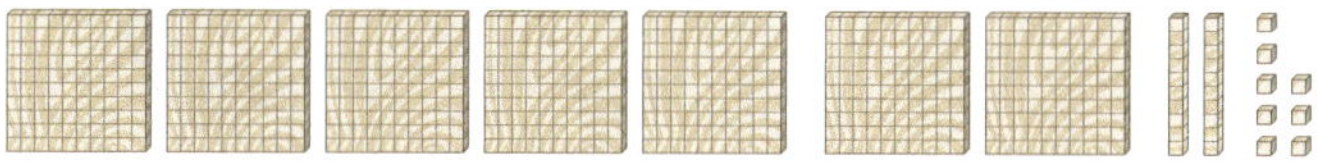

_____

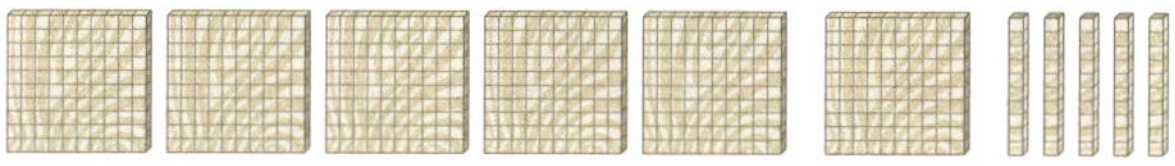

_____

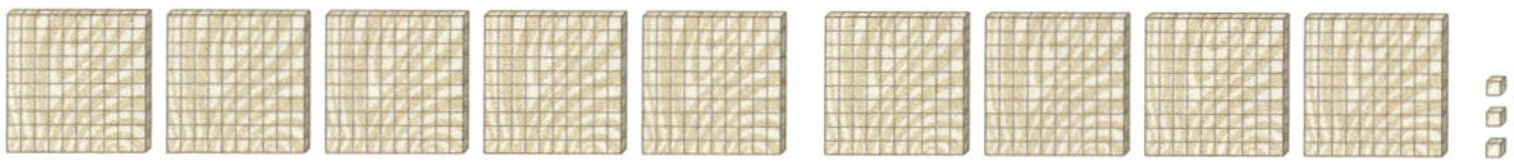

_____

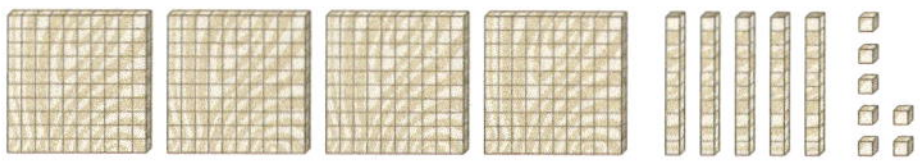

_____

1 a) Wie heißen die Zahlen? Trage in die Stellenwerttafel ein. Notiere.

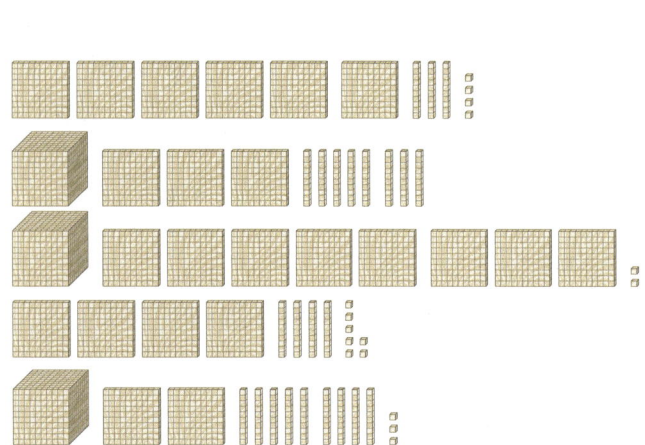

T	H	Z	E	
				_____
				_____
				_____
				_____
				_____

b) Ordne die Zahlen nach der Größe.
Beginne mit der **kleinsten** Zahl.

_____ < _____ < _____ < _____ < _____

2 a) Wie heißen die Zahlen?
Trage in die Stellenwerttafel ein. Notiere.

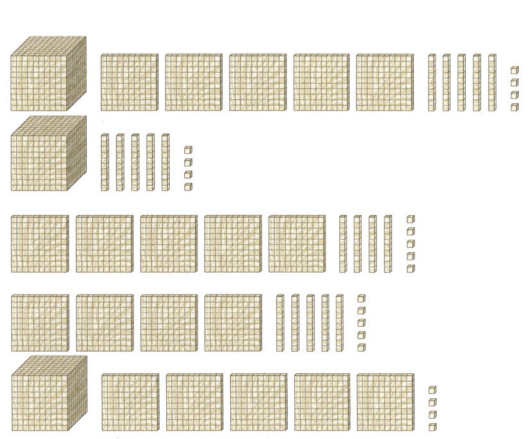

T	H	Z	E	
				_____
				_____
				_____
				_____
				_____

b) Ordne die Zahlen nach der Größe. Beginne mit der **größten** Zahl.

_____ > _____ > _____ > _____ > _____

Rechnen bis 1000

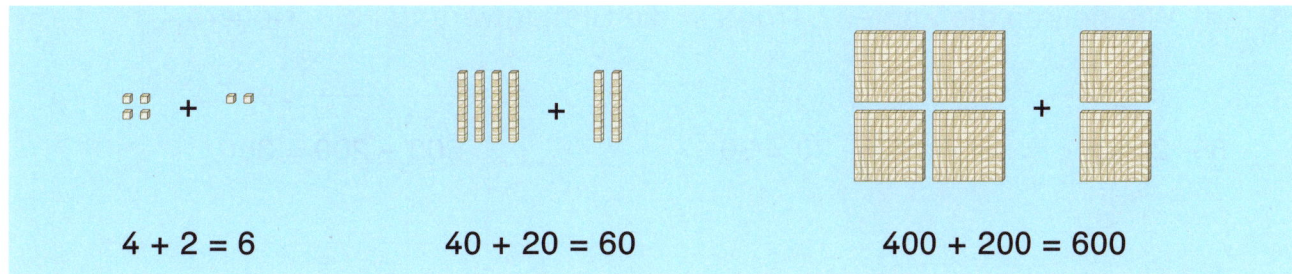

4 + 2 = 6   40 + 20 = 60   400 + 200 = 600

1 Schreibe die Aufgabe und rechne.

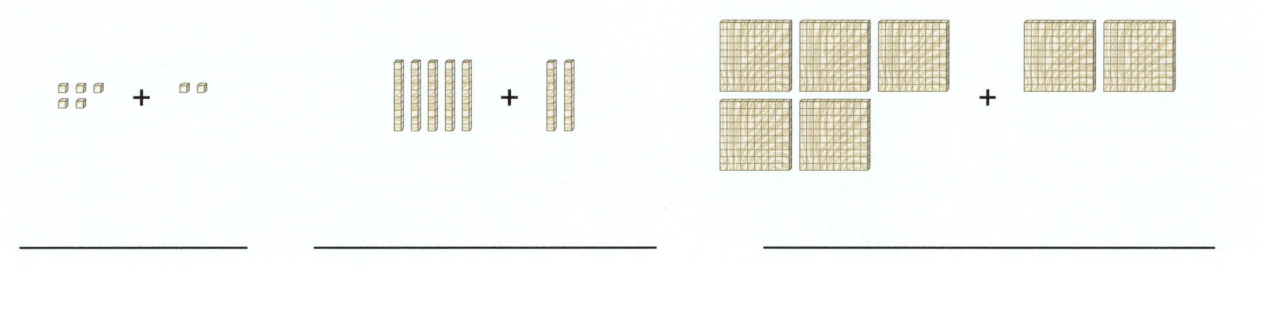

_____   _____   _____

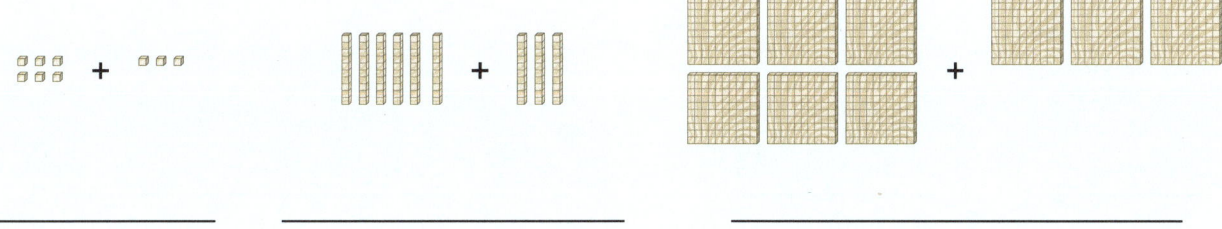

_____   _____   _____

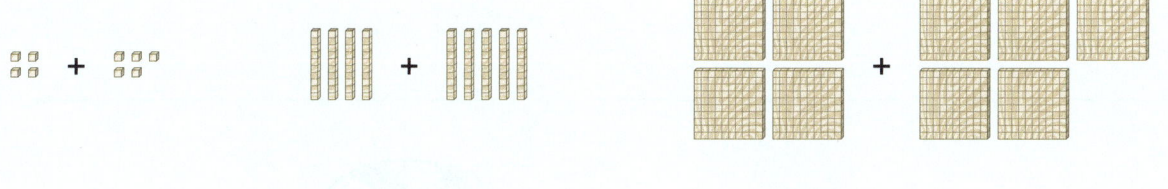

_____   _____   _____

2 Rechne.

7 + 2 = _____	4 + 6 = _____	3 + 5 = _____
70 + 20 = _____	40 + 60 = _____	30 + 50 = _____
700 + 200 = _____	400 + 600 = _____	300 + 500 = _____

5

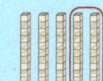

$5 - 2 = 3$ $\qquad$ $50 - 20 = 30$ $\qquad$ $500 - 200 = 300$

1 Schreibe die Aufgabe und rechne.

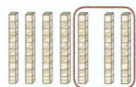 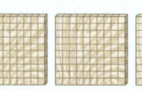

_____ _____ _____

 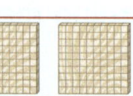 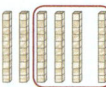

_____ _____ _____

_____ _____ _____

 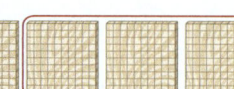 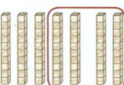

_____ _____ _____

 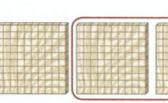 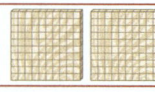

2 Rechne.

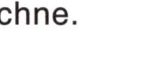

$8 - 2 = $ _____	$9 - 4 = $ _____	$7 - 5 = $ _____
$80 - 20 = $ _____	$90 - 40 = $ _____	$70 - 50 = $ _____
$800 - 200 = $ _____	$900 - 400 = $ _____	$700 - 500 = $ _____

Schriftliches Addieren und Subtrahieren

1 Addiere.

	H	Z	E
	1	2	7
+	4	6	5

	H	Z	E
		3	6	4
+		8	2

	H	Z	E
	5	0	3
+	2	9	5

	H	Z	E
		6	8
+	7	5	1

	H	Z	E
	6	7	8
+	3	0	9

	H	Z	E
	2	3	7
+	4	8	3

	H	Z	E
	7	5	6
+	1	8	9

	H	Z	E
	8	2	4
+		7	9

	H	Z	E
	5	4	6
+	3	6	5

	H	Z	E
		8	6
+	4	5	7

	H	Z	E
	3	0	2
	4	1	6
+		5	3

	H	Z	E
	2	7	8
		4	1
+	1	3	2

	H	Z	E
		6	5
	5	4	0
+	2	3	7

	H	Z	E
	1	9	0
	3	2	6
+	4	0	8

	H	Z	E
	2	0	5
	1	6	9
+	5	3	1

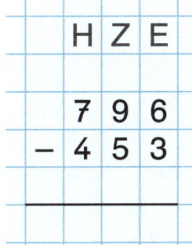 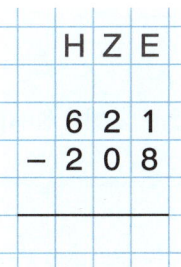 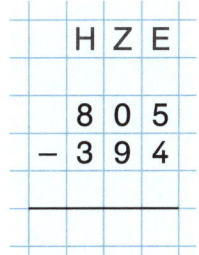

2 Subtrahiere.

	H	Z	E
	7	9	6
−	4	5	3

	H	Z	E
	6	2	1
−	2	0	8

	H	Z	E
	5	2	4
−	1	3	1

	H	Z	E
	8	0	5
−	3	9	4

	H	Z	E
	9	6	7
−	6	2	8

	H	Z	E
	4	3	5
−	1	6	2

	H	Z	E
	2	7	8
−		9	6

	H	Z	E
	3	8	0
−	2	5	9

	H	Z	E
	6	7	3
−	4	6	3

	H	Z	E
	5	1	7
−	3	8	6

Zahlenrätsel

1 a) Ich denke mir eine Zahl.
Ich addiere dazu 36.
Ich erhalte 89.

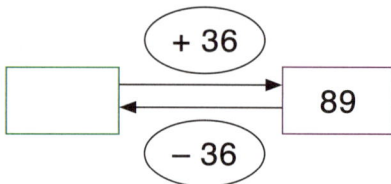

Die Zahl heißt _____.

b) Ich denke mir eine Zahl.
Ich addiere dazu 45.
Ich erhalte 97.

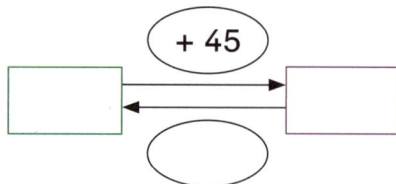

Die Zahl heißt _____.

---

2 a) Ich denke mir eine Zahl.
Ich subtrahiere davon 75.
Ich erhalte 120.

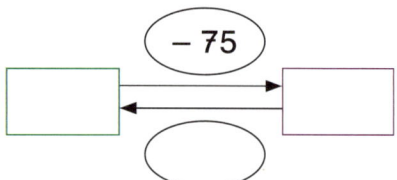

Die Zahl heißt _____.

b) Ich denke mir eine Zahl.
Ich subtrahiere davon 56.
Ich erhalte 140.

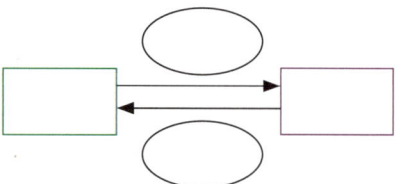

Die Zahl heißt _____.

---

3 a) Ich denke mir eine Zahl.
Ich multipliziere sie mit 2.
Ich erhalte 160.

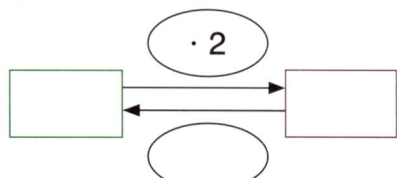

Die Zahl heißt _____.

b) Ich denke mir eine Zahl.
Ich multipliziere sie mit 5.
Ich erhalte 200.

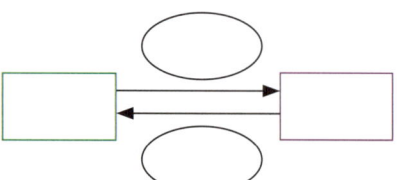

Die Zahl heißt _____.

---

4 a) Ich denke mir eine Zahl.
Ich dividiere sie durch 5.
Ich erhalte 30.

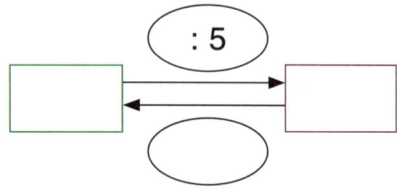

Die Zahl heißt _____.

b) Ich denke mir eine Zahl.
Ich dividiere sie durch 2.
Ich erhalte 80.

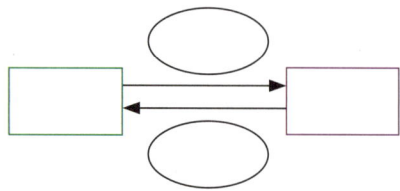

Die Zahl heißt _____.

Gleichungen

1 Trage die fehlende Zahl ein.

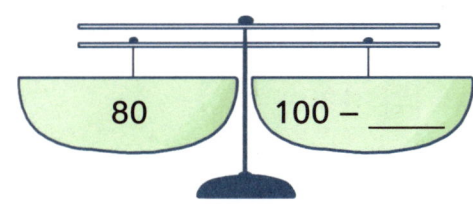
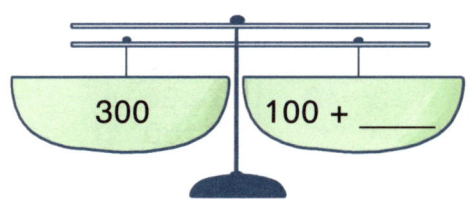

2 Löse die Gleichungen.

40 = 100 − _____   350 = 100 + _____   120 = 2 · ____   20 = 60 : ___

35 = 80 − _____   440 = 210 + _____   90 = 3 · ____   50 = 250 : ___

90 = 120 − _____   520 = 300 + _____   200 = 4 · ____   60 = 240 : ___

95 = 110 − _____   630 = 420 + _____   350 = 5 · ____   70 = 420 : ___

3 Trage die fehlende Zahl ein.

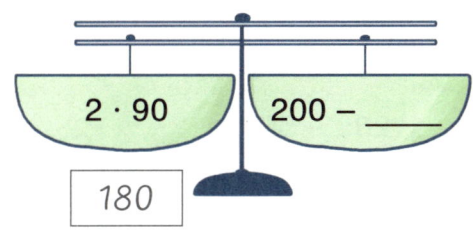

180

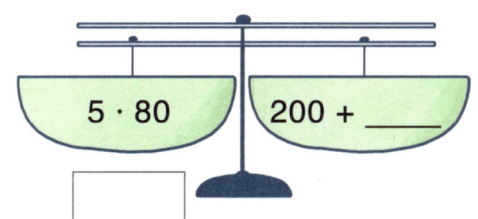

4 Löse die Gleichungen.

a) 4 · 50 = 100 + _____   3 · 80 = 100 + _____   8 · 80 = 500 + _____

200

b) 7 · 70 = 500 − _____   6 · 60 = 400 − _____   3 · 20 = 100 − _____

c) 350 : 5 = 100 − _____   300 : 6 = 100 − _____   200 : 4 = 100 − _____

d) 800 : 2 = 100 · _____   600 : 3 = 50 · _____   400 : 4 = 50 · _____

9

Ungleichungen

1 Setze richtig ein: $>$ oder $<$?

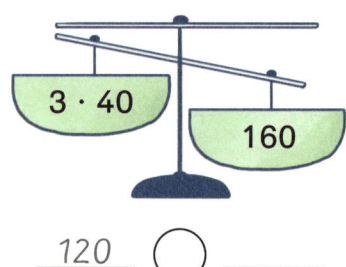

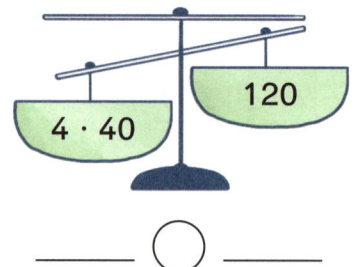

<u>120</u> ◯ _____

_____ ◯ _____

2 Setze richtig ein: $>$ oder $<$?

$3 \cdot 30$ ◯ 100 $360 : 6$ ◯ 50

$6 \cdot 20$ ◯ 100 $810 : 9$ ◯ 100

$4 \cdot 30$ ◯ 100 $250 : 5$ ◯ 40

$9 \cdot 10$ ◯ 100 $200 : 4$ ◯ 60

3 Setze richtig ein: $>$ oder $<$?

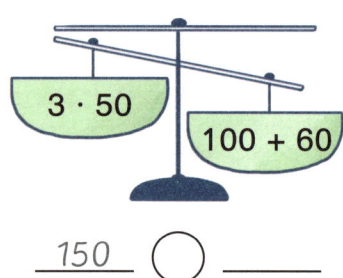

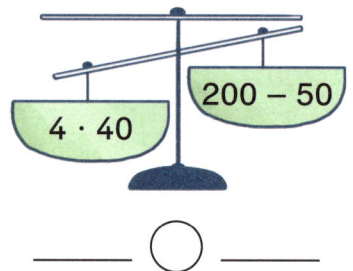

<u>150</u> ◯ _____

_____ ◯ _____

4 Setze richtig ein: $>$ oder $<$?

a) $5 \cdot 50$ ◯ $100 + 50$ $4 \cdot 80$ ◯ $200 + 150$ $7 \cdot 70$ ◯ $300 + 160$

    250   ☐   ☐   ☐   ☐   ☐

b) $3 \cdot 80$ ◯ $500 - 100$ $6 \cdot 60$ ◯ $400 - 30$ $9 \cdot 50$ ◯ $700 - 300$

   ☐   ☐   ☐   ☐   ☐   ☐

c) $350 : 5$ ◯ $100 - 40$ $400 : 8$ ◯ $100 - 40$ $160 : 4$ ◯ $100 - 70$

   ☐   ☐   ☐   ☐   ☐   ☐

d) $200 : 2$ ◯ $40 \cdot 3$ $300 : 5$ ◯ $10 \cdot 7$ $490 : 7$ ◯ $20 \cdot 5$

   ☐   ☐   ☐   ☐   ☐   ☐

Tabellen und Diagramme

Durchschnittliche Schulterhöhe von Hunden

Rasse	Schulterhöhe
Bernhardiner	75 cm
Bobtail	60 cm
Dackel	20 cm
Deutsche Dogge	78 cm
Labrador	55 cm

Schulterhöhe

1 Ergänze die fehlenden Angaben: Die Schulterhöhe …

… eines Dackels beträgt durchschnittlich _____ cm.

… eines Labradors beträgt durchschnittlich _____ cm.

… eines Bernhardiners _____

… einer Dogge _____

2 Zeichne zu den Daten der Tabelle ein Säulendiagramm.

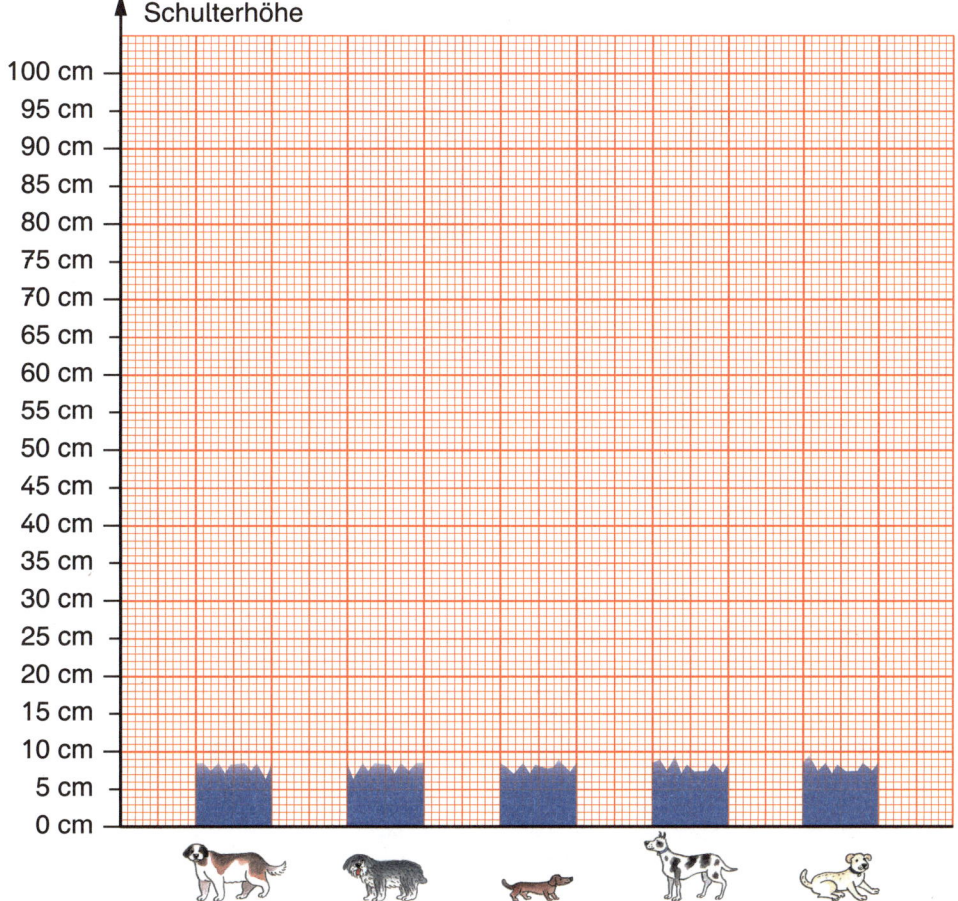

Große Zahlen multiplizieren

1 Rechne.

4 · 25 = _____	2 · 46 = _____	3 · 34 = _____
4 · 20 = _80_	2 · 40 = _____	3 · 30 = _____
4 · 5 = _20_	2 · 6 = _____	3 · 4 = _____
_80_ + _20_ = _____	_____ + ____ = _____	_____ + ____ = _____

4 · 63 = _____	5 · 74 = _____	6 · 56 = _____
4 · 60 = _____	5 · 70 = _____	6 · 50 = _____
4 · 3 = _____	5 · 4 = _____	6 · 6 = _____
_____ + ____ = _____	_____ + ____ = _____	_____ + ____ = _____

7 · 32 = _____	8 · 14 = _____	9 · 25 = _____
7 · 30 = _____	8 · 10 = _____	9 · 20 = _____
7 · 2 = _____	8 · 4 = _____	9 · 5 = _____
_____ + ____ = _____	_____ + ____ = _____	_____ + ____ = _____

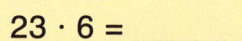

2 Rechne.

23 · 6 = _____	47 · 5 = _____	65 · 4 = _____
20 · 6 = _____	40 · 5 = _____	60 · 4 = _____
3 · 6 = _____	7 · 5 = _____	5 · 4 = _____
_____ + ____ = _____	_____ + ____ = _____	_____ + ____ = _____

81 · 3 = _____	76 · 5 = _____	38 · 4 = _____
80 · 3 = _____	70 · 5 = _____	30 · 4 = _____
1 · 3 = _____	6 · 5 = _____	8 · 4 = _____
_____ + ____ = _____	_____ + ____ = _____	_____ + ____ = _____

Große Zahlen multiplizieren

1 Rechne.

$3 \cdot 251 =$ _____

$3 \cdot 200 =$ _____

$3 \cdot 50 =$ _____

$3 \cdot 1 =$ _____

_____ + _____ + _____ = _____

$4 \cdot 163 =$ _____

$4 \cdot 100 =$ _____

$4 \cdot 60 =$ _____

$4 \cdot 3 =$ _____

_____ + _____ + _____ = _____

$6 \cdot 325 =$ _____

$6 \cdot 300 =$ _____

$6 \cdot 20 =$ _____

$6 \cdot 5 =$ _____

_____ + _____ + _____ = _____

$5 \cdot 467 =$ _____

$5 \cdot 400 =$ _____

$5 \cdot 60 =$ _____

$5 \cdot 7 =$ _____

_____ + _____ + _____ = _____

2 Rechne.

$264 \cdot 4 =$ _____

$200 \cdot 4 =$ _____

$60 \cdot 4 =$ _____

$4 \cdot 4 =$ _____

_____ + _____ + _____ = _____

$868 \cdot 5 =$ _____

$800 \cdot 5 =$ _____

$60 \cdot 5 =$ _____

$8 \cdot 5 =$ _____

_____ + _____ + _____ = _____

$426 \cdot 3 =$ _____

$400 \cdot 3 =$ _____

$20 \cdot 3 =$ _____

$6 \cdot 3 =$ _____

_____ + _____ + _____ = _____

$374 \cdot 5 =$ _____

$300 \cdot 5 =$ _____

$70 \cdot 5 =$ _____

$4 \cdot 5 =$ _____

_____ + _____ + _____ = _____

Maßeinheiten

| 1 m = 100 cm |
| 1 cm = 10 mm |

1 kg = 1 000 g

1 € = 100 ct

1 h = 60 min

Längen   Gewichte   Geld   Zeit

Welche Maßeinheit passt? Setze richtig ein.

Eine Tüte Mehl wiegt 1 _____.

Eine Kugel Eis kostet oft 1 _____.

Ein 10-ct-Stück ist ungefähr 2 _____ dick.

Ein Paket Butter wiegt 250 _____.

Dein Zeigefinger ist ungefähr 1 _____ breit.

Die Zähne soll man zweimal täglich 3 _____ putzen.

Ein Eimer mit Farbe wiegt ungefähr 10 _____.

Ben zählt bis 60. Das dauert ungefähr 1 _____.

Eine Schulstunde dauert 45 _____.

Eine Tafel Schokolade wiegt meistens 100 _____.

Ein Fußballspiel dauert 90 _____.

Eine Packung Nudeln wiegt 500 _____.

Die Tür ist ungefähr 2 _____ hoch.

Ein Tag hat 24 _____.

Ein großes Lineal ist 30 _____ lang.

Tierische Rechengeschichten

1 Frida möchte im Urlaub das Tauchen lernen.
Eine Tauchstunde kostet 50 €.
Sie nimmt 7 Tauchstunden.
Wie viel Euro muss Frida bezahlen?

7 Tauchstunden:

Antwort: Frida muss _____ Euro bezahlen.

2 Auch Fips möchte gerne das Tauchen lernen.
Eine Tauchstunde kostet 50 €. Er nimmt 5 Tauchstunden.
Außerdem leiht sich Fips einen Taucheranzug für 5 € pro Tauchstunde.
Wie viel Euro muss Fips insgesamt bezahlen?

5 Tauchstunden:

5 Stunden Taucheranzug:

zusammen:

Antwort: Fips _____

_____

3 Jetzt möchte Fredo auch das Tauchen lernen.
Eine Tauchstunde kostet 50 €. Er nimmt 9 Tauchstunden.
Auch Fredo leiht sich einen Taucheranzug für 5 € pro Tauchstunde.

Frage: _____

_____

9 Tauchstunden:

9 Stunden Taucheranzug:

zusammen:

Antwort: _____

_____

Halbschriftliches Dividieren

Rechne halbschriftlich. Beginne mit dem Zehnfachen der Zahl, durch die du teilst.

a)

5	10	15	20	25	30	35	40	45	50
$1 \cdot 5$	$2 \cdot 5$	$3 \cdot 5$	$4 \cdot 5$	$5 \cdot 5$	$6 \cdot 5$	$7 \cdot 5$	$8 \cdot 5$	$9 \cdot 5$	$10 \cdot 5$

$65 : 5 = \underline{\quad}$ $70 : 5 = \underline{\quad}$ $80 \ : 5 = \underline{\quad}$ $95 \ : 5 = \underline{\quad}$

$50 : 5 = \underline{\quad}$ $50 : 5 = \underline{\quad}$ $\underline{\quad} : 5 = \underline{\quad}$ $\underline{\quad} : 5 = \underline{\quad}$

$15 : 5 = \underline{\quad}$ $20 : 5 = \underline{\quad}$ $\underline{\quad} : 5 = \underline{\quad}$ $\underline{\quad} : 5 = \underline{\quad}$

b)

4	8	12	16	20	24	28	32	36	40
$1 \cdot 4$	$2 \cdot 4$	$3 \cdot 4$	$4 \cdot 4$	$5 \cdot 4$	$6 \cdot 4$	$7 \cdot 4$	$8 \cdot 4$	$9 \cdot 4$	$10 \cdot 4$

$48 : 4 = \underline{\quad}$ $56 : 4 = \underline{\quad}$ $60 \ : 4 = \underline{\quad}$ $72 \ : 4 = \underline{\quad}$

$40 : 4 = \underline{\quad}$ $40 : 4 = \underline{\quad}$ $\underline{\quad} : 4 = \underline{\quad}$ $\underline{\quad} : 4 = \underline{\quad}$

$8 : 4 = \underline{\quad}$ $16 : 4 = \underline{\quad}$ $\underline{\quad} : 4 = \underline{\quad}$ $\underline{\quad} : 4 = \underline{\quad}$

c)

6	12	18	24	30	36	42	48	54	60
$1 \cdot 6$	$2 \cdot 6$	$3 \cdot 6$	$4 \cdot 6$	$5 \cdot 6$	$6 \cdot 6$	$7 \cdot 6$	$8 \cdot 6$	$9 \cdot 6$	$10 \cdot 6$

$90 : 6 = \underline{\quad}$ $108 : 6 = \underline{\quad}$ $96 \ : 6 = \underline{\quad}$ $78 \ : 6 = \underline{\quad}$

$60 : 6 = \underline{\quad}$ $60 : 6 = \underline{\quad}$ $\underline{\quad} : 6 = \underline{\quad}$ $\underline{\quad} : 6 = \underline{\quad}$

$30 : 6 = \underline{\quad}$ $48 : 6 = \underline{\quad}$ $\underline{\quad} : 6 = \underline{\quad}$ $\underline{\quad} : 6 = \underline{\quad}$

d)

3	6	9	12	15	18	21	24	27	30
$1 \cdot 3$	$2 \cdot 3$	$3 \cdot 3$	$4 \cdot 3$	$5 \cdot 3$	$6 \cdot 3$	$7 \cdot 3$	$8 \cdot 3$	$9 \cdot 3$	$10 \cdot 3$

$45 : 3 = \underline{\quad}$ $51 : 3 = \underline{\quad}$ $48 \ : 3 = \underline{\quad}$ $42 \ : 3 = \underline{\quad}$

$30 : 3 = \underline{\quad}$ $30 : 3 = \underline{\quad}$ $\underline{\quad} : 3 = \underline{\quad}$ $\underline{\quad} : 3 = \underline{\quad}$

$15 : 3 = \underline{\quad}$ $21 : 3 = \underline{\quad}$ $\underline{\quad} : 3 = \underline{\quad}$ $\underline{\quad} : 3 = \underline{\quad}$

Halbschriftliches Dividieren

Rechne halbschriftlich. Beginne mit dem Hundertfachen der Zahl, durch die du teilst.

a)

20	40	60	80	100	120	140	160	180	200
10 · 2	20 · 2	30 · 2	40 · 2	50 · 2	60 · 2	70 · 2	80 · 2	90 · 2	100 · 2

240 : 2 = _____   300 : 2 = _____   360 : 2 = _____   280 : 2 = _____

200 : 2 = _____   200 : 2 = _____   _____ : 2 = _____   _____ : 2 = _____

40 : 2 = _____   100 : 2 = _____   _____ : 2 = _____   _____ : 2 = _____

b)

50	100	150	200	250	300	350	400	450	500
10 · 5	20 · 5	30 · 5	40 · 5	50 · 5	60 · 5	70 · 5	80 · 5	90 · 5	100 · 5

700 : 5 = _____   850 : 5 = _____   800 : 5 = _____   650 : 5 = _____

500 : 5 = _____   500 : 5 = _____   _____ : 5 = _____   _____ : 5 = _____

200 : 5 = _____   350 : 5 = _____   _____ : 5 = _____   _____ : 5 = _____

c)

60	120	180	240	300	360	420	480	540	600
10 · 6	20 · 6	30 · 6	40 · 6	50 · 6	60 · 6	70 · 6	80 · 6	90 · 6	100 · 6

780 : 6 = _____   960 : 6 = _____   840 : 6 = _____   720 : 6 = _____

600 : 6 = _____   600 : 6 = _____   _____ : 6 = _____   _____ : 6 = _____

180 : 6 = _____   360 : 6 = _____   _____ : 6 = _____   _____ : 6 = _____

d)

40	80	120	160	200	240	280	320	360	400
10 · 4	20 · 4	30 · 4	40 · 4	50 · 4	60 · 4	70 · 4	80 · 4	90 · 4	100 · 4

640 : 4 = _____   560 : 4 = _____   760 : 4 = _____   600 : 4 = _____

400 : 4 = _____   400 : 4 = _____   _____ : 4 = _____   _____ : 4 = _____

240 : 4 = _____   160 : 4 = _____   _____ : 4 = _____   _____ : 4 = _____

Halbschriftliches Dividieren

1 Rechne halbschriftlich.

52 : 4 = _____	72 : 6 = _____	39 : 3 = _____	96 : 8 = _____
40 : 4 = _____	60 : 6 = _____	30 : 3 = _____	80 : 8 = _____
12 : 4 = _____	12 : 6 = _____	9 : 3 = _____	16 : 8 = _____

60 : 5 = _____	91 : 7 = _____	60 : 4 = _____	75 : 5 = _____
_____ : 5 = _____	_____ : 7 = _____	_____ : 4 = _____	_____ : 5 = _____
_____ : 5 = _____	_____ : 7 = _____	_____ : 4 = _____	_____ : 5 = _____

45 : 3 = _____	78 : 6 = _____	65 : 5 = _____	64 : 4 = _____
_____ : 3 = _____	_____ : 6 = _____	_____ : 5 = _____	_____ : 4 = _____
_____ : 3 = _____	_____ : 6 = _____	_____ : 5 = _____	_____ : 4 = _____

2 Rechne halbschriftlich.

780 : 6 = _____	650 : 5 = _____	840 : 7 = _____	560 : 4 = _____
600 : 6 = _____	500 : 5 = _____	700 : 7 = _____	400 : 4 = _____
180 : 6 = _____	150 : 5 = _____	140 : 7 = _____	160 : 4 = _____

520 : 4 = _____	720 : 6 = _____	480 : 3 = _____	960 : 8 = _____
_____ : 4 = _____	_____ : 6 = _____	_____ : 3 = _____	_____ : 8 = _____
_____ : 4 = _____	_____ : 6 = _____	_____ : 3 = _____	_____ : 8 = _____

420 : 3 = _____	910 : 7 = _____	525 : 5 = _____	981 : 9 = _____
_____ : 3 = _____	_____ : 7 = _____	_____ : 5 = _____	_____ : 9 = _____
_____ : 3 = _____	_____ : 7 = _____	_____ : 5 = _____	_____ : 9 = _____

Der Millionen-Würfel

Trage die Zahlen in die Stellenwerttafel ein.

1 2 3
1 2 3 0 0 0

M	HT	ZT	T	H	Z	E
				1	2	3

3 5 3
3 5 3 0 0 0

M	HT	ZT	T	H	Z	E

7 4 1
7 4 1 0 0 0

M	HT	ZT	T	H	Z	E

5 9 9
5 9 9 0 0 0

M	HT	ZT	T	H	Z	E

6 3 8
6 3 8 0 0 0

M	HT	ZT	T	H	Z	E

3 7 0
3 7 0 0 0 0

M	HT	ZT	T	H	Z	E

5 0 6
5 0 6 0 0 0

M	HT	ZT	T	H	Z	E

8 0 2
8 0 2 0 0 0

M	HT	ZT	T	H	Z	E

Übertrage in die Stellenwerttafel.

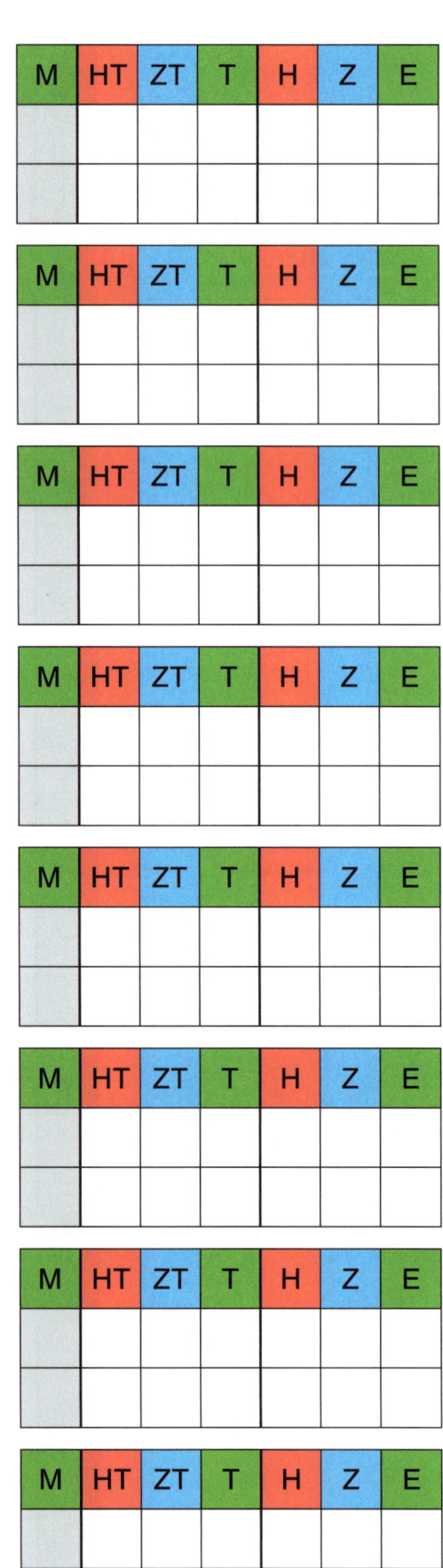

sechshundertdreiundfünfzig

sechshundertdreiundfünfzigtausend

vierhundertsechsundneunzig

vierhundertsechsundneunzigtausend

fünfhundertachtundsiebzig

fünfhundertachtundsiebzigtausend

dreihundertneunundzwanzig

dreihundertneunundzwanzigtausend

zweihundertfünfzig

zweihundertfünfzigtausend

siebenhundertvierzig

siebenhundertvierzigtausend

achthundertsechs

achthundertsechstausend

fünfhundertfünf

fünfhundertfünftausend

1 Trage in die Stellenwerttafel ein. Lies die Zahl.

a) 9 HT 4 ZT 8 T 5 H 8 Z 9 E

b) 5 HT 3 ZT 7 T 2 H 6 Z 8 E

c) 4 HT 0 ZT 6 T 1 H 9 Z 0 E

d) 7 HT 1 ZT 0 T 2 H 6 Z 3 E

e) 8 ZT 0 T 6 H 2 Z 9 E

M	HT	ZT	T	H	Z	E

2 Wie heißen die Zahlen? Notiere.

M	HT	ZT	T	H	Z	E	
	•••	•	••	••••	••	•••••	_____
	•••••••	•••	•••	•			_____
	••	••••		•••	•••••••	••	_____
	•	•••	•••••		••••	•••	_____
	••••		•	•••••••	•••		_____
		••••	•••	•		•••••	_____

3 Male immer ein Plättchen an der ZT-Stelle dazu.
Wie heißen die Zahlen jetzt? Notiere.

M	HT	ZT	T	H	Z	E	
	•••	•	••	••••	••	•••••	_____
	•••••••	••	••••	•••	•		_____
	••	••••		•••	•••••	••	_____
	•	•••	•••••		•••	•••	_____
	••••		•	•••••••	•••		_____
		••••	•••	•		•••••	_____

Zahlen vergleichen

1 Ordne die Zahlen nach der Größe. Beginne mit der kleinsten Zahl.

a)

| 6 000 | 300 | 45 000 | 125 000 | 89 000 |

_300_ < _____ < _____ < _____ < _____

b)

| 58 000 | 500 | 2 000 | 8 500 | 456 000 |

_____ < _____ < _____ < _____ < _____

c)

| 974 000 | 7 400 | 4 000 | 400 | 74 000 |

_____ < _____ < _____ < _____ < _____

d)

| 14 000 | 3 400 | 234 000 | 243 000 | 4 300 |

_____ < _____ < _____ < _____ < _____

e)

| 860 000 | 6 800 | 89 000 | 680 000 | 68 000 |

_____ < _____ < _____ < _____ < _____

2 Vergleiche: < oder >? Markiere die Stelle, die anders ist.

a)
37 480 ◯ 37 430

49 360 ◯ 49 160

73 920 ◯ 93 920

82 490 ◯ 89 490

185 000 ◯ 125 000

475 000 ◯ 425 000

687 000 ◯ 887 000

b)
56 520 ◯ 56 320

91 830 ◯ 95 830

64 320 ◯ 74 320

83 790 ◯ 83 770

437 000 ◯ 237 000

361 000 ◯ 362 000

946 000 ◯ 976 000

Zahlen zerlegen

1 Wie heißen die Zahlen? Notiere.

a)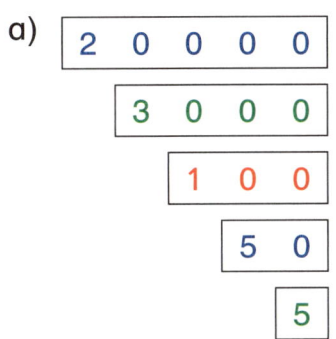

2	0	0	0	0
3	0	0	0
1	0	0
5	0
5

_____

b)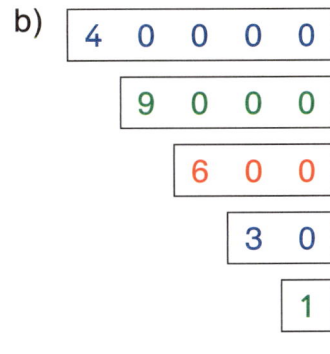

4	0	0	0	0
9	0	0	0
6	0	0
3	0
1

_____

c)

7	0	0	0	0
2	0	0	0
8	0	0
4	0
9

_____

d)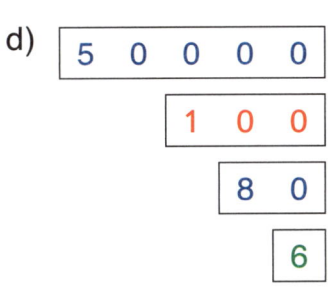

5	0	0	0	0
1	0	0
8	0
6

_____

e)

8	0	0	0	0
4	0	0	0
3	0
1

_____

f)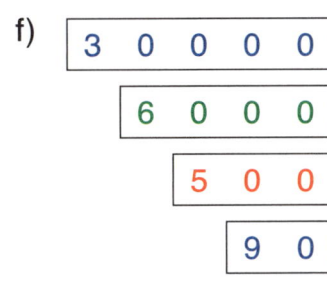

3	0	0	0	0
6	0	0	0
5	0	0
9	0

_____

2 Lege mit den Zahlenkarten. Wie heißen die Zahlen? Achte auf die Nullen!

400 000 + 70 000 + 3 000 + 100 + 50 + 2 = _____

30 000 + 400 + 90 + 6 = _____

900 000 + 5 000 + 800 + 10 + 7 = _____

10 000 + 8 000 + 30 + 4 = _____

3 Lege mit den Zahlenkarten. Lies die Zahlen. Schreibe als Additionsaufgabe.

| 2 | 3 | 4 | 5 | 5 |

20 000 + 3 000 + 400 + 50 + 5 = _____

| 4 | 6 | 2 | 1 | 9 | 7 |

_____

| 4 | 5 | 0 | 3 | 9 |

_____

| 6 | 0 | 2 | 8 | 0 |

_____

| 3 | 0 | 6 | 1 | 0 | 2 |

_____

➡ Beilage zum Schülerbuch: Seguin-Karten

Rechnen bis zur Million

1 Rechne.

a) $3\,T + 4\,T = \underline{7\,T}$

$3\,000 + 4\,000 = \underline{7\,000}$

b) $2\,ZT + 7\,ZT = \underline{\hspace{2cm}}$

$20\,000 + 70\,000 = \underline{\hspace{2cm}}$

c) $8\,T - 6\,T = \underline{\hspace{2cm}}$

$8\,000 - 6\,000 = \underline{\hspace{2cm}}$

d) $9\,ZT - 3\,ZT = \underline{\hspace{2cm}}$

$90\,000 - 30\,000 = \underline{\hspace{2cm}}$

2 Rechne.

a) $5\,000 + 3\,000 = \underline{\hspace{2cm}}$

$50\,000 + 30\,000 = \underline{\hspace{2cm}}$

$500\,000 + 300\,000 = \underline{\hspace{2cm}}$

b) $6\,000 + 1\,000 = \underline{\hspace{2cm}}$

$60\,000 + 10\,000 = \underline{\hspace{2cm}}$

$600\,000 + 100\,000 = \underline{\hspace{2cm}}$

c) $8\,000 - 4\,000 = \underline{\hspace{2cm}}$

$80\,000 - 40\,000 = \underline{\hspace{2cm}}$

$800\,000 - 400\,000 = \underline{\hspace{2cm}}$

d) $9\,000 - 5\,000 = \underline{\hspace{2cm}}$

$90\,000 - 50\,000 = \underline{\hspace{2cm}}$

$900\,000 - 500\,000 = \underline{\hspace{2cm}}$

3 Markiere zuerst die Stelle, an der sich das Ergebnis ändern wird. Rechne dann.

a) $700\,000 + 6 = \underline{\hspace{2cm}}$

$700\,000 + 60 = \underline{\hspace{2cm}}$

$700\,000 + 600 = \underline{\hspace{2cm}}$

$700\,000 + 6\,000 = \underline{\hspace{2cm}}$

$700\,000 + 60\,000 = \underline{\hspace{2cm}}$

b) $555\,555 - 2 = \underline{\hspace{2cm}}$

$555\,555 - 20 = \underline{\hspace{2cm}}$

$555\,555 - 200 = \underline{\hspace{2cm}}$

$555\,555 - 2\,000 = \underline{\hspace{2cm}}$

$555\,555 - 20\,000 = \underline{\hspace{2cm}}$

4 Rechne.

a) $273\,T + 6\,T = \underline{\hspace{2cm}}$

$273\,000 + 6\,000 = \underline{\hspace{2cm}}$

b) $542\,T + 4\,T = \underline{\hspace{2cm}}$

$542\,000 + 4\,000 = \underline{\hspace{2cm}}$

c) $369\,T - 7\,T = \underline{\hspace{2cm}}$

$369\,000 - 7\,000 = \underline{\hspace{2cm}}$

d) $738\,T - 4\,T = \underline{\hspace{2cm}}$

$738\,000 - 4\,000 = \underline{\hspace{2cm}}$

Rechnen bis zur Million

1 Ergänze.

a) 33 000 + _____ = 40 000

    40 000 + _____ = 100 000

b) 68 000 + _____ = 70 000

    70 000 + _____ = 100 000

c) 52 000 + _____ = 60 000

    60 000 + _____ = 100 000

d) 14 000 + _____ = 20 000

    20 000 + _____ = 100 000

2 Ergänze immer zuerst bis zum nächsten Zehntausender.

a)   72 000 + _____ = _____

    _____ + _____ = 100 000

b)   44 000 + _____ = _____

    _____ + _____ = 100 000

c)   26 000 + _____ = _____

    _____ + _____ = 100 000

d)   61 000 + _____ = _____

    _____ + _____ = 100 000

3 Ergänze.

a) 290 000 + _____ = 300 000

    300 000 + _____ = 500 000

b) 420 000 + _____ = 500 000

    500 000 + _____ = 900 000

c) 350 000 + _____ = 400 000

    400 000 + _____ = 1 000 000

d) 630 000 + _____ = 700 000

    700 000 + _____ = 1 000 000

4 Ergänze immer zuerst bis zum nächsten Hunderttausender.

a)   310 000 + _____ = _____

    _____ + _____ = 500 000

b)   590 000 + _____ = _____

    _____ + _____ = 800 000

c)   430 000 + _____ = _____

    _____ + _____ = 1 000 000

d)   740 000 + _____ = _____

    _____ + _____ = 1 000 000

Ergänze.

283 000 + _____ = 1 000 000
283 000 + ___7 000___ = 290 000
290 000 + ___10 000___ = 300 000
300 000 + __700 000__ = 1 000 000

136 000 + _____ = 500 000
136 000 + _____ = 140 000
140 000 + _____ = 200 000
200 000 + _____ = 500 000

461 000 + _____ = 800 000
461 000 + _____ = 470 000
470 000 + _____ = 500 000
500 000 + _____ = 800 000

724 000 + _____ = 1 000 000
724 000 + _____ = 730 000
730 000 + _____ = 800 000
800 000 + _____ = 1 000 000

148 000 + _____ = 300 000
148 000 + _____ = 150 000
150 000 + _____ = 200 000
200 000 + _____ = 300 000

377 000 + _____ = 700 000
377 000 + _____ = 380 000
380 000 + _____ = 400 000
400 000 + _____ = 700 000

516 000 + _____ = 1 000 000
516 000 + ___7 000___ = 520 000
520 000 + _____ = 600 000
600 000 + _____ = 1 000 000

703 000 + _____ = 1 000 000
703 000 + _____ = 710 000
710 000 + _____ = 800 000
800 000 + _____ = 1 000 000

204 000 + _____ = 600 000
204 000 + _____ = 210 000
210 000 + _____ = 300 000
300 000 + _____ = 600 000

382 000 + _____ = 900 000
382 000 + _____ = 390 000
390 000 + _____ = 400 000
400 000 + _____ = 900 000

Rechnen bis zur Million

1 Rechne.

a)   4 + 3 = _____   12 + 5 = _____   63 + 3 = _____

      604 + 3 = _____   912 + 5 = _____   563 + 3 = _____

   7 604 + 3 = _____   3 912 + 5 = _____   8 563 + 3 = _____

b)   5 + 5 = _____   34 + 5 = _____   45 + 3 = _____

     205 + 5 = _____   634 + 5 = _____   145 + 3 = _____

   4 205 + 5 = _____   1 634 + 5 = _____   5 145 + 3 = _____

2 Rechne.

a)   670 + 20 = _____   210 + 50 = _____   450 + 30 = _____

   4 670 + 20 = _____   8 210 + 50 = _____   6 450 + 30 = _____

 54 670 + 20 = _____ 28 210 + 50 = _____ 96 450 + 30 = _____

b)   320 + 40 = _____   830 + 40 = _____   140 + 50 = _____

  1 320 + 40 = _____   7 830 + 40 = _____   2 140 + 50 = _____

 71 320 + 40 = _____ 37 830 + 40 = _____ 82 140 + 50 = _____

3 Rechne.

a)   540 + 60 = _____   870 + 30 = _____   320 + 80 = _____

  1 540 + 60 = _____   6 870 + 30 = _____   2 320 + 80 = _____

 31 540 + 60 = _____ 46 870 + 30 = _____ 82 320 + 80 = _____

b)   110 + 90 = _____   760 + 40 = _____   650 + 50 = _____

  5 110 + 90 = _____   8 760 + 40 = _____   4 650 + 50 = _____

 25 110 + 90 = _____ 98 760 + 40 = _____ 64 650 + 50 = _____

1 Rechne.

a) 8 – 6 = _____   35 – 3 = _____   44 – 4 = _____

308 – 6 = _____   635 – 3 = _____   544 – 4 = _____

7 308 – 6 = _____   8 635 – 3 = _____   6 544 – 4 = _____

b) 9 – 5 = _____   57 – 2 = _____   86 – 5 = _____

209 – 5 = _____   957 – 2 = _____   486 – 5 = _____

3 209 – 5 = _____   5 957 – 2 = _____   1 486 – 5 = _____

2 Rechne.

a) 380 – 40 = _____   650 – 20 = _____   890 – 60 = _____

6 380 – 40 = _____   2 650 – 20 = _____   1 890 – 60 = _____

76 380 – 40 = _____   42 650 – 20 = _____   31 890 – 60 = _____

b) 460 – 40 = _____   970 – 30 = _____   540 – 20 = _____

5 460 – 40 = _____   7 970 – 30 = _____   4 540 – 20 = _____

85 460 – 40 = _____   27 970 – 30 = _____   94 540 – 20 = _____

3 Rechne.

a) 260 – 60 = _____   740 – 40 = _____   580 – 80 = _____

8 260 – 60 = _____   3 740 – 40 = _____   2 580 – 80 = _____

58 260 – 60 = _____   63 740 – 40 = _____   42 580 – 80 = _____

b) 350 – 50 = _____   870 – 70 = _____   690 – 90 = _____

4 350 – 50 = _____   1 870 – 70 = _____   7 690 – 90 = _____

24 350 – 50 = _____   81 870 – 70 = _____   37 690 – 90 = _____

Große Zahlen am Zahlenstrahl

1 Trage die fehlenden Zahlen ein.

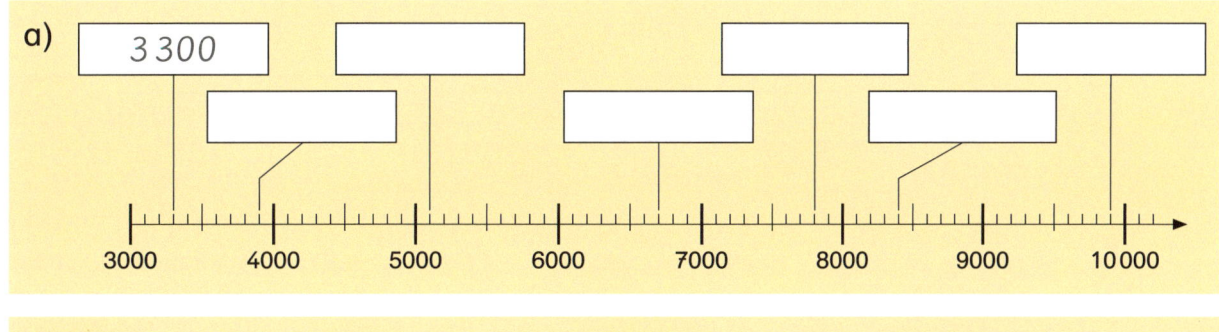

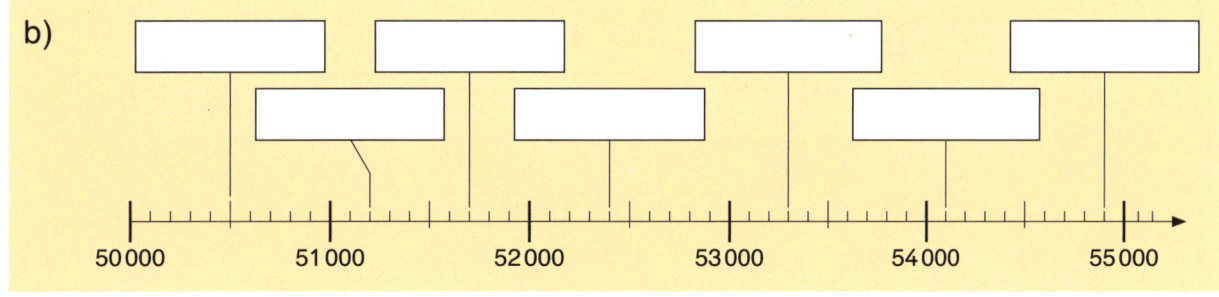

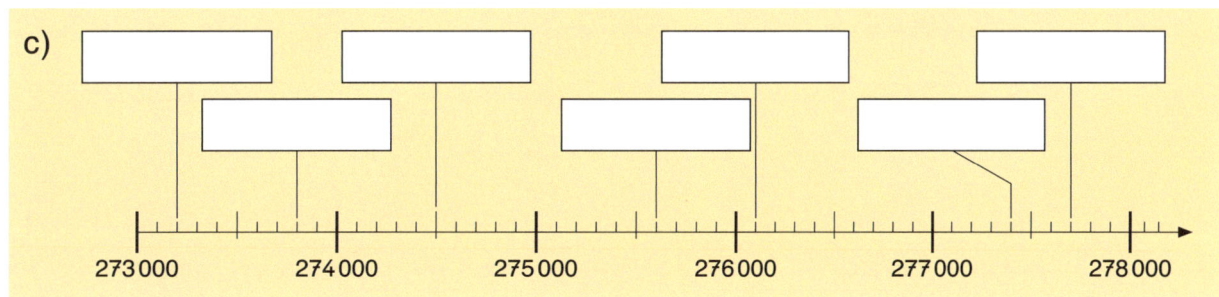

2 Nachbartausender

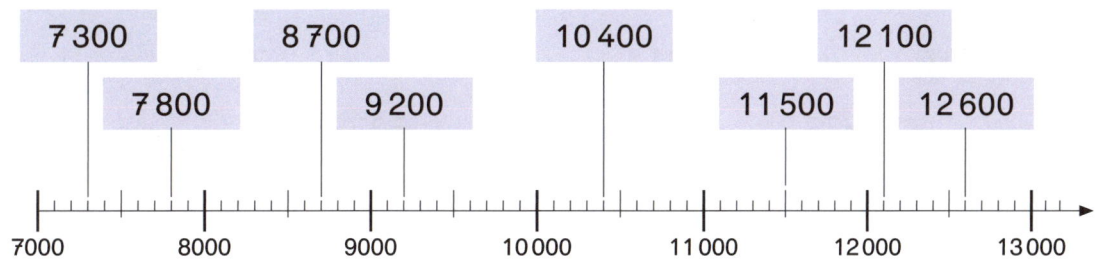

a) Wie heißen die Nachbartausender?

_7 000_ , 7 300, _____   _____ , 10 400, _____

_____ , 7 800, _____   _____ , 11 500, _____

_____ , 8 700, _____   _____ , 12 100, _____

_____ , 9 200, _____   _____ , 12 600, _____

b) Kreise den Nachbartausender ein, der näher an der Zahl liegt.

Große Zahlen am Zahlenstrahl

1 Trage die fehlenden Zahlen ein.

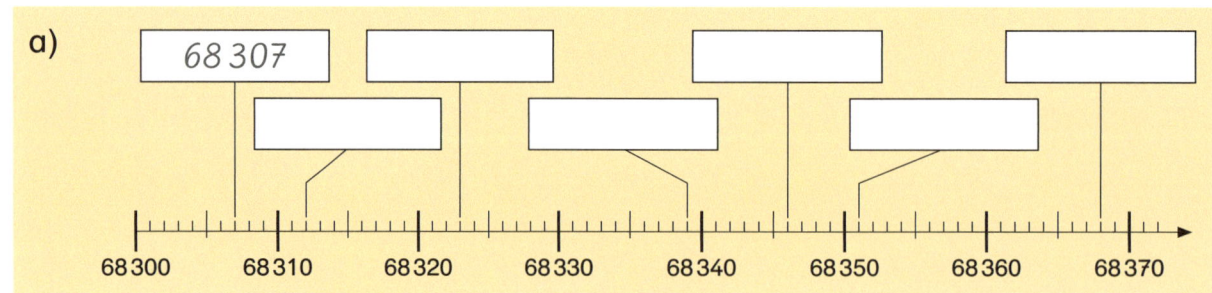

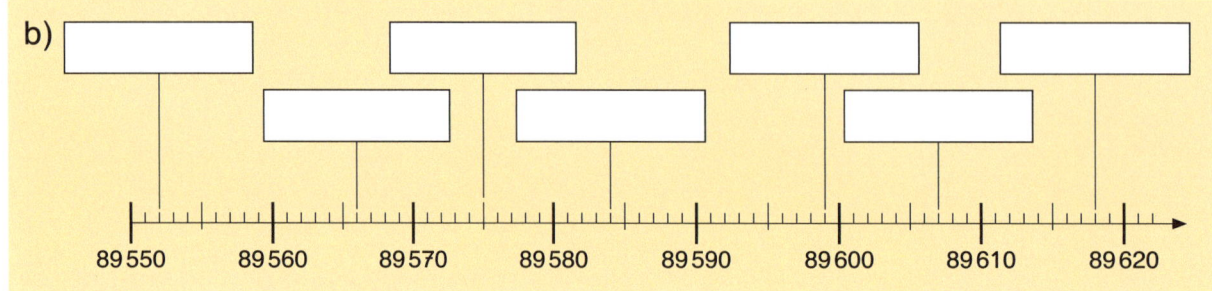

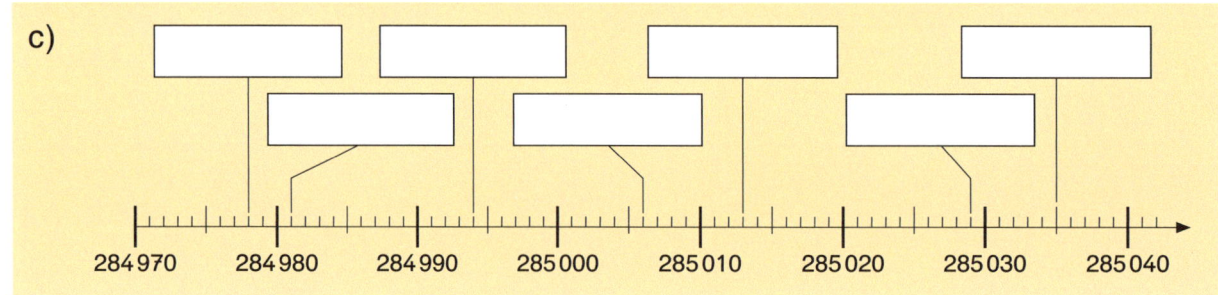

2 Nachbarzahlen und Nachbarzehner

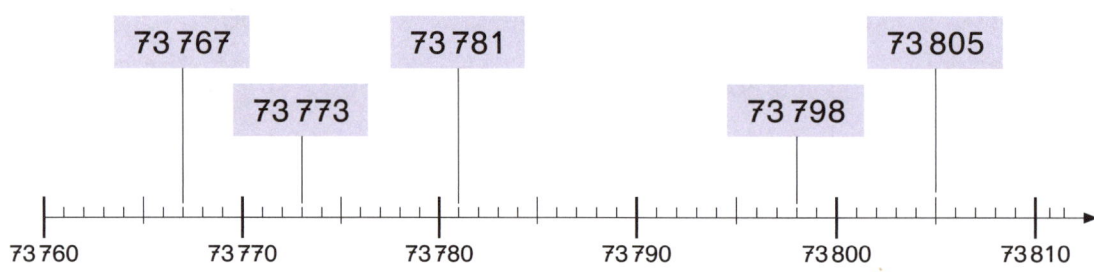

a) Wie heißen die Nachbarzahlen?

_73 766_ , **73 767**, _73 768_

_____ , **73 773**, _____

_____ , **73 781**, _____

_____ , **73 798**, _____

_____ , **73 805**, _____

b) Wie heißen die Nachbarzehner?

_73 760_ , **73 767**, _73 770_

_____ , **73 773**, _____

_____ , **73 781**, _____

_____ , **73 798**, _____

_____ , **73 805**, _____

Große Zahlen runden und darstellen

1 Tobi hat ein Säulendiagramm zur Einwohnerzahl von Stuttgart gezeichnet.
Ergänze das Schaubild mit den gerundeten Einwohnerzahlen.

Stuttgart: ≈ 600 000   Düsseldorf: ≈ 600 000   München: ≈ 1 500 000

Mainz: ≈ 200 000   Hannover: ≈ 500 000   Erfurt: ≈ 200 000

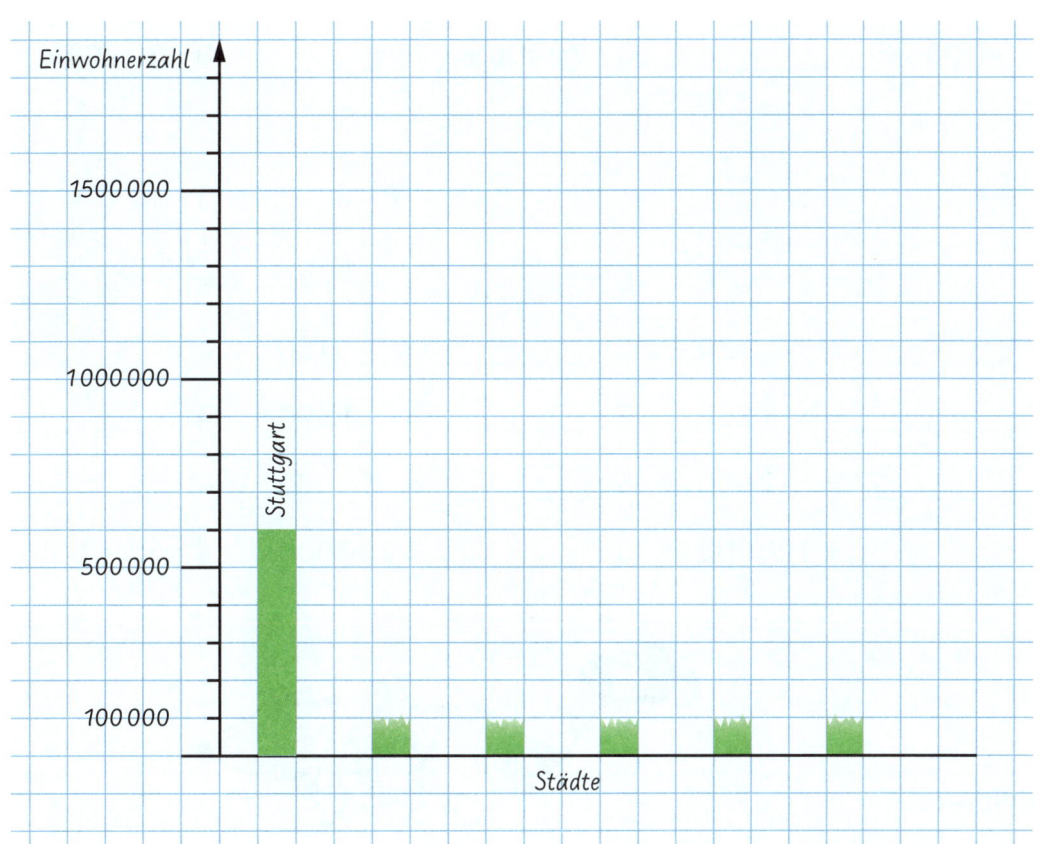

2 Runde die Einwohnerzahlen auf Hunderttausender.

Schaue auf die **Zehntausenderstelle**:
Runde ab bei 0, 1, 2, 3 und 4.
Runde auf bei 5, 6, 7, 8 und 9.

Leipzig: 5**8**1 980 ≈ _____   Frankfurt: 7**4**6 878 ≈ _____

Freiburg: 2**2**9 636 ≈ _____   Duisburg: 4**9**8 110 ≈ _____

Bremen: 5**5**1 767 ≈ _____   Magdeburg: 2**3**2 305 ≈ _____

Dresden: 5**4**1 304 ≈ _____   Regensburg: 1**5**0 894 ≈ _____

1 Multipliziere.

2 · 4 = _____	5 · 7 = _____	3 · 3 = _____
2 · 40 = _____	5 · 70 = _____	3 · 30 = _____
2 · 400 = _____	5 · 700 = _____	3 · 300 = _____
2 · 4 000 = _____	5 · 7 000 = _____	3 · 3 000 = _____
2 · 40 000 = _____	5 · 70 000 = _____	3 · 30 000 = _____

2 Ergänze.

2 · _____ = 12	5 · _____ = 15	4 · _____ = 16
2 · _____ = 120	5 · _____ = 150	4 · _____ = 160
2 · _____ = 1 200	5 · _____ = 1 500	4 · _____ = 1 600
2 · _____ = 12 000	5 · _____ = 15 000	4 · _____ = 16 000
2 · _____ = 120 000	5 · _____ = 150 000	4 · _____ = 160 000

3 Dividiere.

25 : 5 = _____	70 : 10 = _____	16 : 2 = _____
250 : 5 = _____	700 : 10 = _____	160 : 2 = _____
2 500 : 5 = _____	7 000 : 10 = _____	1 600 : 2 = _____
25 000 : 5 = _____	70 000 : 10 = _____	16 000 : 2 = _____
250 000 : 5 = _____	700 000 : 10 = _____	160 000 : 2 = _____

15 : 3 = _____	81 : 9 = _____	49 : 7 = _____
150 : 3 = _____	810 : 9 = _____	490 : 7 = _____
1 500 : 3 = _____	8 100 : 9 = _____	4 900 : 7 = _____
15 000 : 3 = _____	81 000 : 9 = _____	49 000 : 7 = _____
150 000 : 3 = _____	810 000 : 9 = _____	490 000 : 7 = _____

Schriftliches Subtrahieren

1 Subtrahiere. Du musst nicht wechseln.

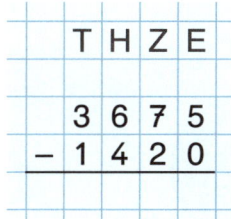 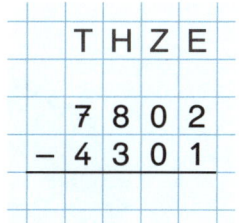 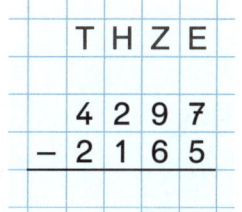 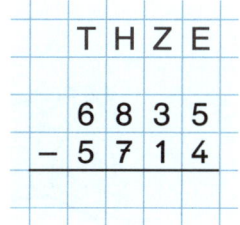

T	H	Z	E
	3	6	7	5
−	1	4	2	0

T	H	Z	E
7	8	0	2
− 4	3	0	1

T	H	Z	E
4	2	9	7
− 2	1	6	5

T	H	Z	E
6	8	3	5
− 5	7	1	4

2 Subtrahiere. Du musst einmal wechseln.

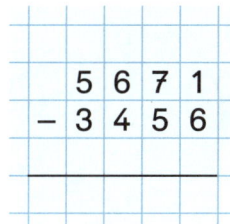 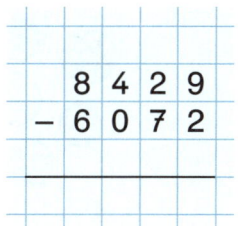 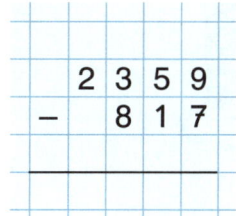 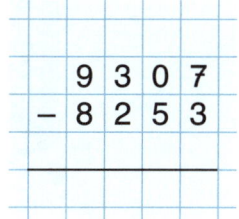

```
  5 6 7 1        8 4 2 9        2 3 5 9        9 3 0 7
- 3 4 5 6      - 6 0 7 2      -   8 1 7      - 8 2 5 3
```

3 Subtrahiere. Du musst zweimal wechseln.

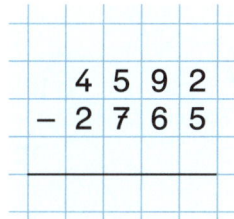 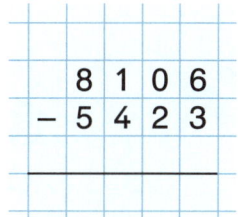 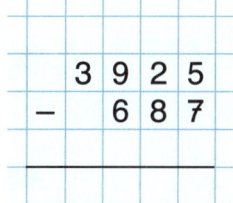

```
  4 5 9 2        8 1 0 6        3 9 2 5        7 1 4 6
- 2 7 6 5      - 5 4 2 3      -   6 8 7      - 6 5 0 8
```

4 Subtrahiere.

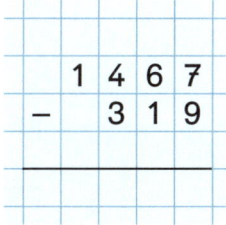 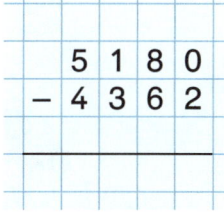 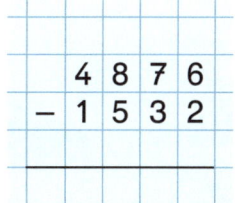 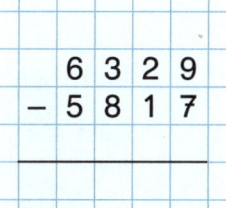

```
  1 4 6 7        5 1 8 0        4 8 7 6        6 3 2 9
-   3 1 9      - 4 3 6 2      - 1 5 3 2      - 5 8 1 7
```

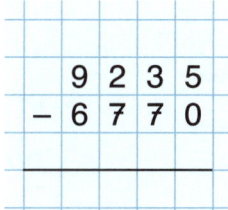 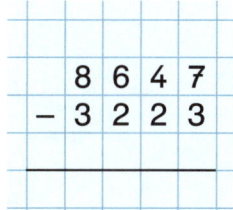

```
  9 2 3 5        8 6 4 7        3 0 5 1        7 8 9 6
- 6 7 7 0      - 3 2 2 3      - 2 4 0 6      - 1 9 3 2
```

➡ Hinweis Ausgabe Bayern: S. 33 durch S. 73 ersetzen

1 Wie viel Geld kosten die Pausenhofspiele ungefähr?
Überschlage und kreuze an.

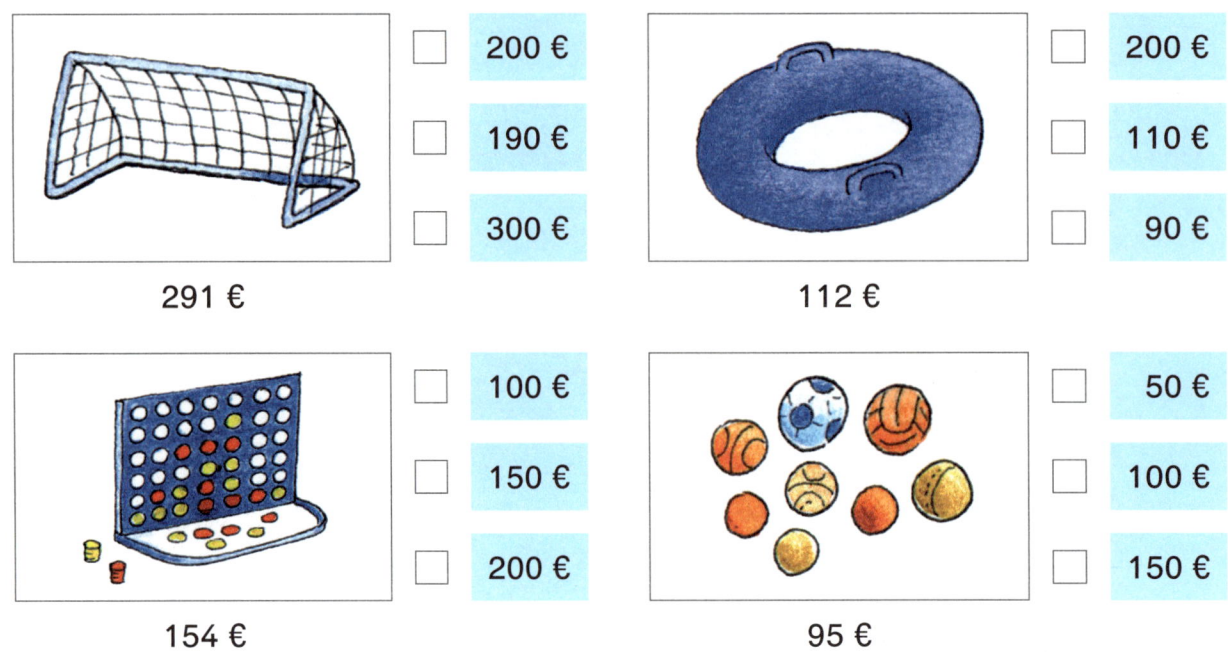

291 €	112 €

200 €
190 €
300 €

200 €
110 €
90 €

100 €
150 €
200 €

50 €
100 €
150 €

154 €   95 €

2 Reicht das Geld für beide Pausenhofspiele? Kreuze an.

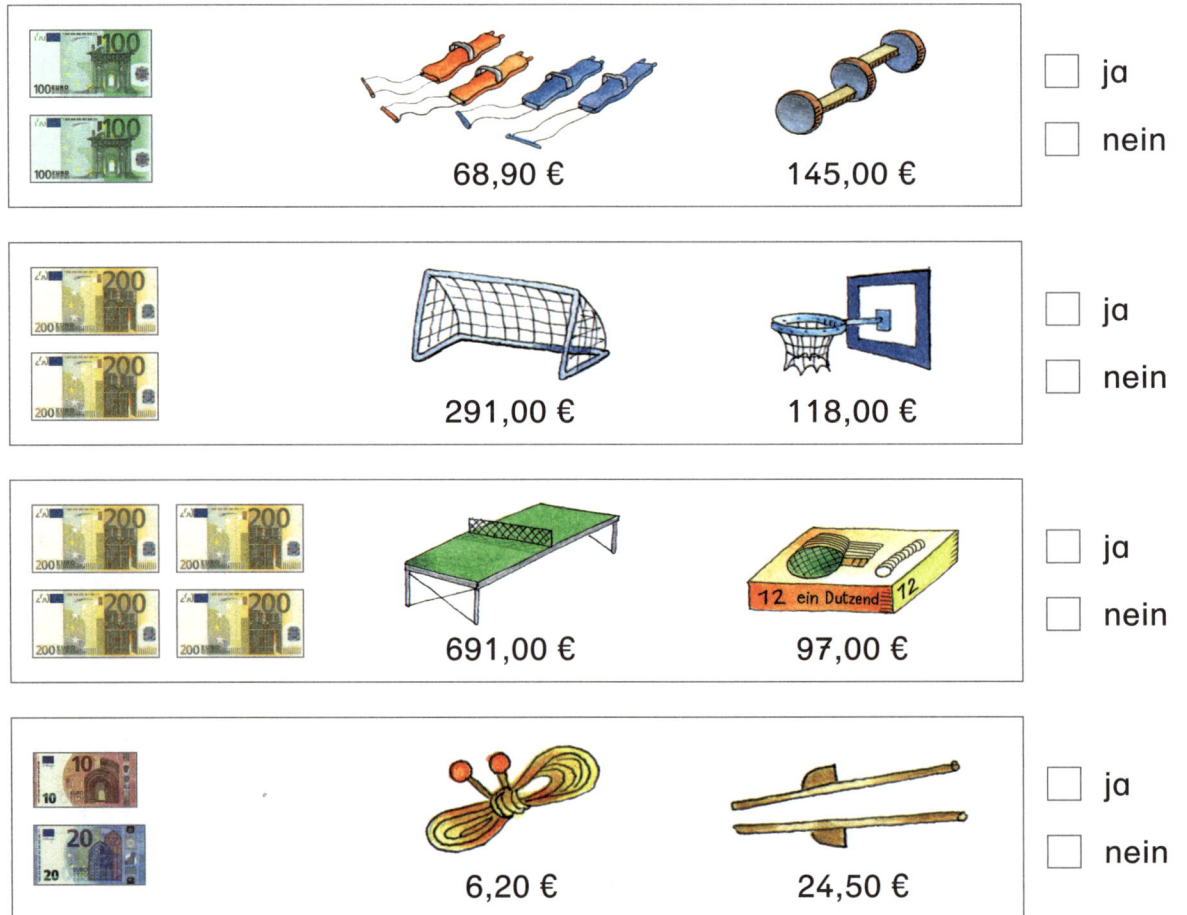

68,90 €   145,00 €   ja   nein

291,00 €   118,00 €   ja   nein

691,00 €   97,00 €   ja   nein

6,20 €   24,50 €   ja   nein

Ergebnisse prüfen

1 Verbinde die passenden Überschläge.

397 + 198	Ü: 600 + 200
602 + 107	Ü: 600 + 100
599 + 198	Ü: 400 + 200
349 + 298	Ü: 350 + 300
249 + 351	Ü: 350 + 200
	Ü: 250 + 350

Ein Überschlag bleibt übrig.

2 Finde mit dem Überschlag heraus, welches Ergebnis nicht stimmen kann. Streiche das Ergebnis durch. Rechne die Aufgabe richtig aus.

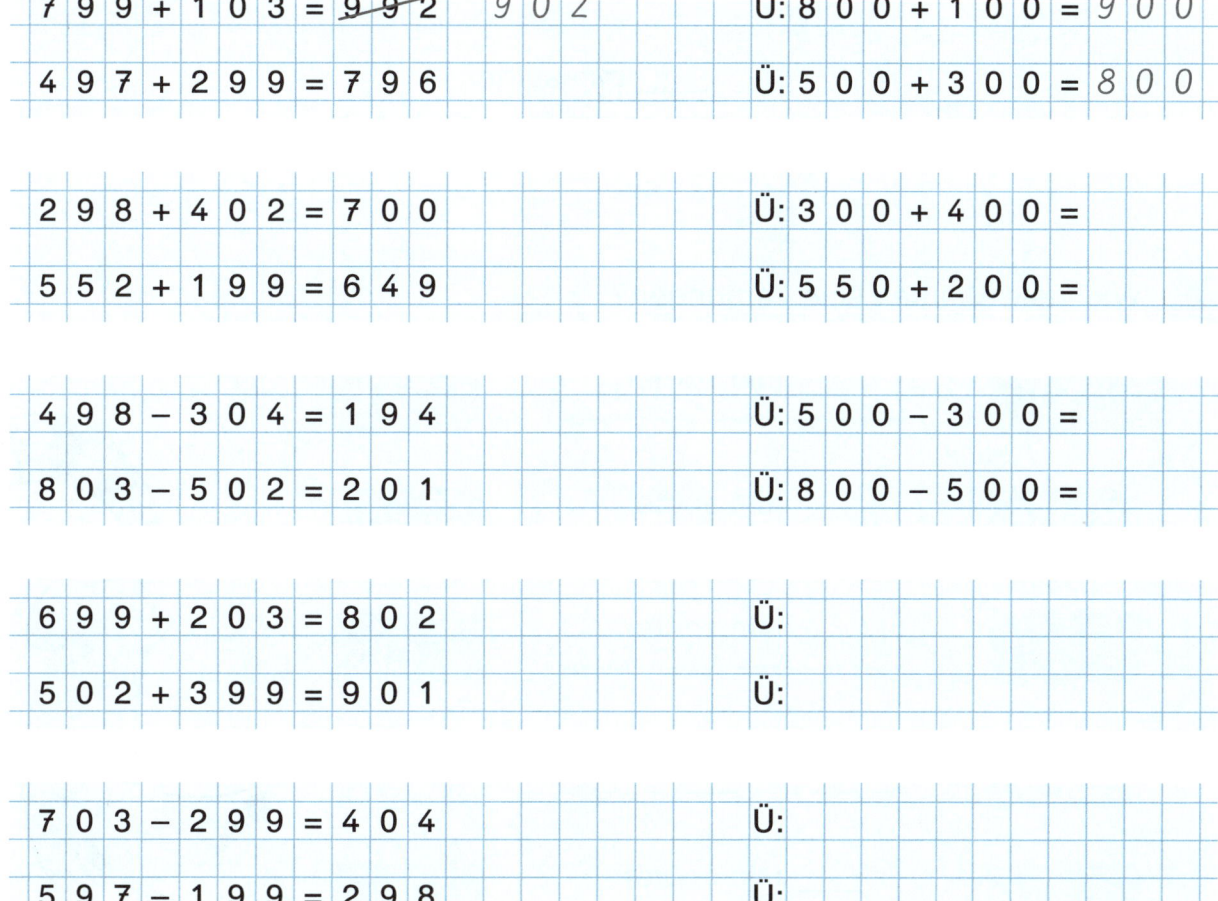

799 + 103 = ~~992~~ 902   Ü: 800 + 100 = 900

497 + 299 = 796   Ü: 500 + 300 = 800

298 + 402 = 700   Ü: 300 + 400 =

552 + 199 = 649   Ü: 550 + 200 =

498 − 304 = 194   Ü: 500 − 300 =

803 − 502 = 201   Ü: 800 − 500 =

699 + 203 = 802   Ü:

502 + 399 = 901   Ü:

703 − 299 = 404   Ü:

597 − 199 = 298   Ü:

1 Wie viele Minuten sind vergangen?

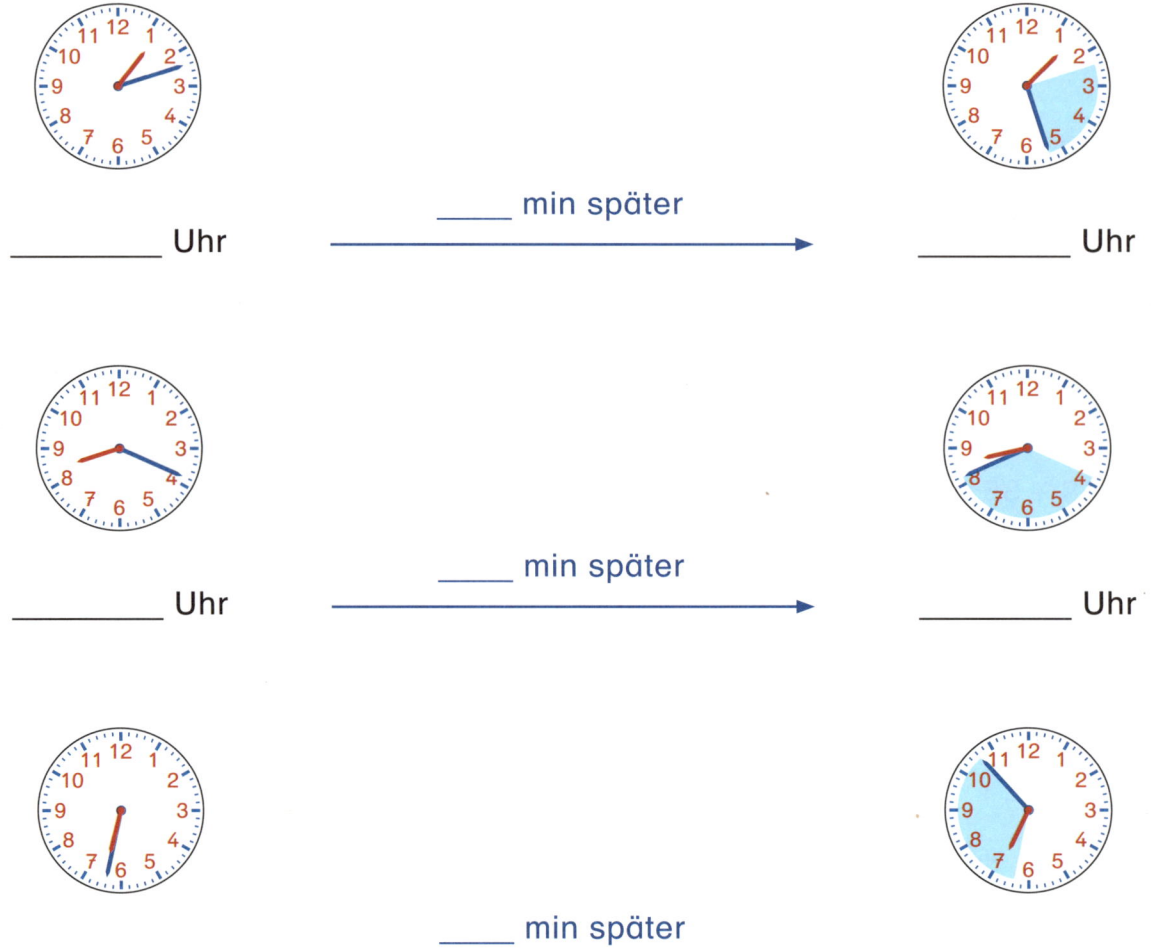

_____ Uhr   _____ min später →   _____ Uhr

_____ Uhr   _____ min später →   _____ Uhr

_____ Uhr   _____ min später →   _____ Uhr

2 Wie viele Minuten sind vergangen?

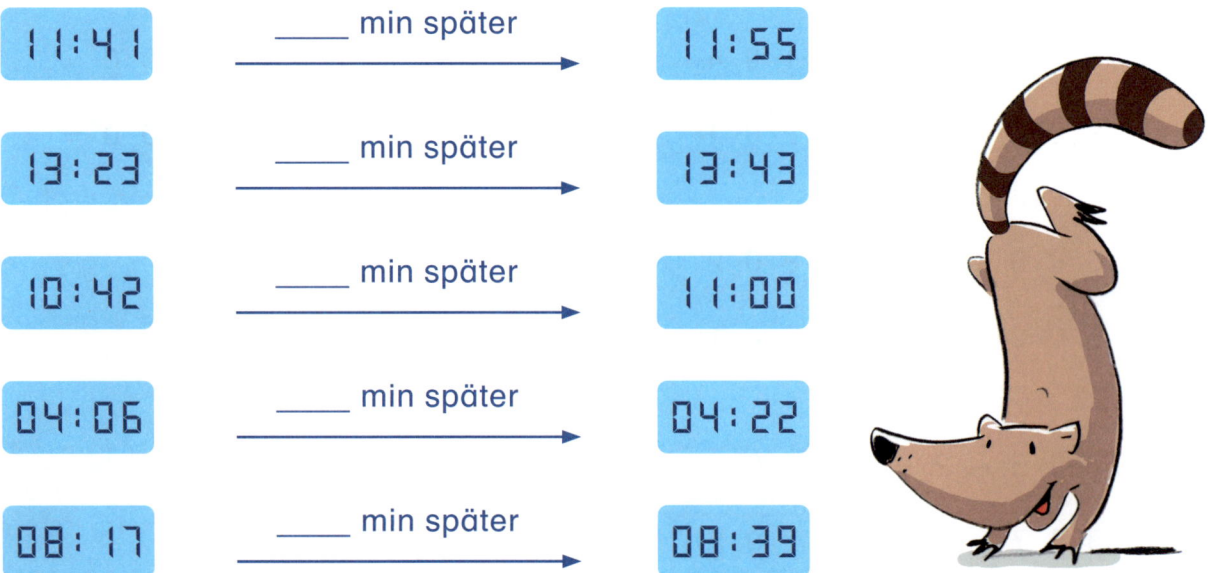

11:41	_____ min später →	11:55
13:23	_____ min später →	13:43
10:42	_____ min später →	11:00
04:06	_____ min später →	04:22
08:17	_____ min später →	08:39

1 Wie viele Minuten sind vergangen?

_____ Uhr   _____ min später    _____ Uhr

_____ Uhr   _____ min später    _____ Uhr

_____ Uhr   _____ min später    _____ Uhr

2 Wie viele Minuten sind vergangen?

09:57   _____ min später →   10:04

02:21   _____ min später →   03:00

15:48   _____ min später →   16:02

07:30   _____ min später →   08:17

23:35   _____ min später →   00:06

Wie viel Zeit vergeht zwischen Mondaufgang (MA) und Monduntergang (MU)?

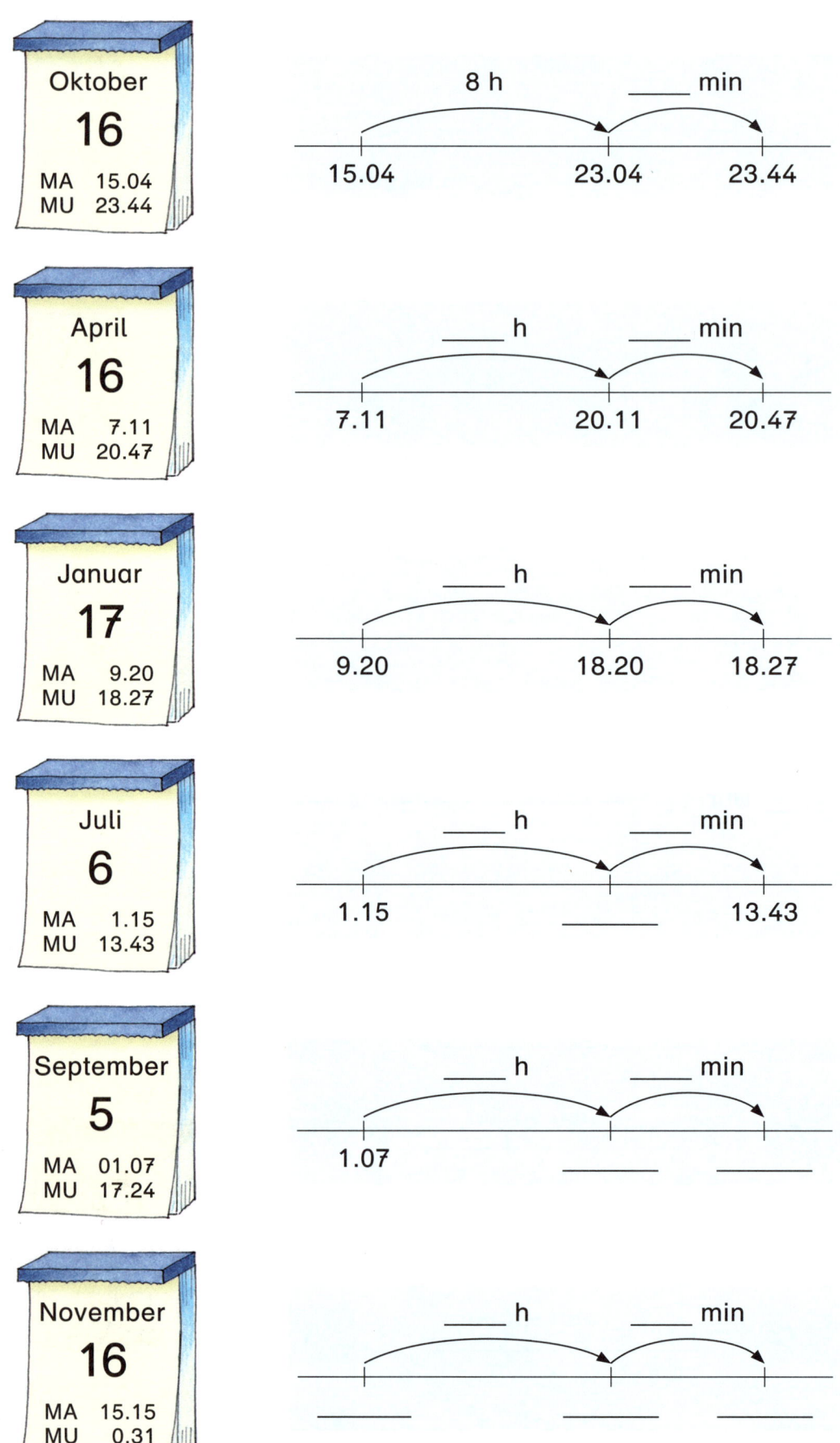

Oktober
16
MA 15.04
MU 23.44

8 h   ___ min
15.04   23.04   23.44

April
16
MA 7.11
MU 20.47

___ h   ___ min
7.11   20.11   20.47

Januar
17
MA 9.20
MU 18.27

___ h   ___ min
9.20   18.20   18.27

Juli
6
MA 1.15
MU 13.43

___ h   ___ min
1.15   ___   13.43

September
5
MA 01.07
MU 17.24

___ h   ___ min
1.07   ___   ___

November
16
MA 15.15
MU 0.31

___ h   ___ min
___   ___   ___

Entfernungen

1 Wandle um in Meter.

1 km = 1 000 m

a)

	km		m		
3,775 km		3	7	7	5
8,250 km					
65,550 km					
10,500 km					
123,055 km					

3 775 m

_____

_____

_____

_____

b)

	km		m		
6 km 427 m		6	4	2	7
17 km 892 m					
5 km 950 m					
125 km 075 m					
9 km 009 m					

6 427 m

_____

_____

_____

_____

2 Wandle um in Kilometer.

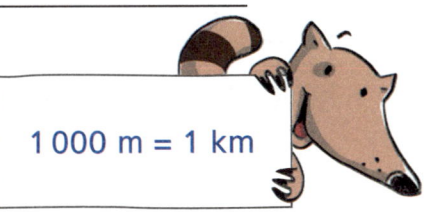

1 000 m = 1 km

a)

	km		m		
7 712 m		7	7	1	2
36 317 m					
64 368 m					
12 705 m					
225 650 m					

7,712 km

_____

_____

_____

_____

b)

	km		m		
5 km 510 m		5	5	1	0
150 km 300 m					
75 km 105 m					
13 km 407 m					
0 km 750 m					

5,510 km

_____

_____

_____

_____

➡ Hinweis Ausgabe Bayern: S. 39 durch S. 74 ersetzen

Geschwindigkeiten

Wie viele Kilometer schaffen sie? Trage ein.

Ich schaffe in 30 Minuten 2 km.

Zeit	Strecke
30 min	2 km
1 h	
2 h	
3 h	
6 h	

E-Bike

Ich schaffe in 30 Minuten 10 km.

Zeit	Strecke
30 min	10 km
1 h	
2 h	
3 h	
6 h	

Ich schaffe in 30 Minuten 5 km.

Zeit	Strecke
30 min	5 km
1 h	
2 h	
3 h	
4 h	

Ich schaffe in 30 Minuten 7 km.

Zeit	Strecke
30 min	7 km
1 h	
2 h	
3 h	
4 h	

Ich schaffe in 30 Minuten 20 km.

Zeit	Strecke
30 min	20 km
1 h	
2 h	
3 h	
5 h	

Ich schaffe in 30 Minuten 40 km.

Zeit	Strecke
30 min	40 km
1 h	
2 h	
3 h	
5 h	

Trage die fehlenden Längenangaben ein. Schreibe die Antwortsätze.

(A) Tim wirft 38 m weit. Olli schafft
7 m weniger. Lena wirft nur halb
so weit wie Tim.
Wie weit werfen Olli und Lena?

Antwort: _____

_____

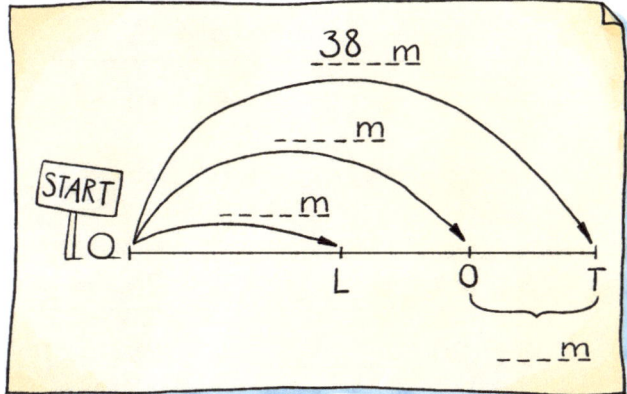

(B) Lenas Mutter pflanzt im Garten auf einer Länge von 4 m Rosen.
Sie pflanzt die Rosen im Abstand von 50 cm ein.
Wie viele Rosen braucht sie?

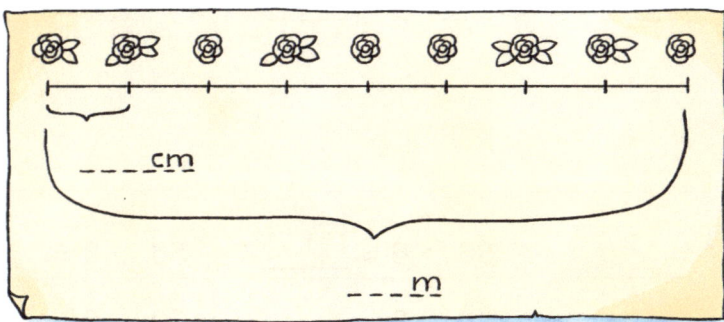

Antwort: _____

(C) Tim, Lena und Olli wollen zum See fahren. Tim wohnt 10 km
und 600 m vom See entfernt. Er holt zuerst Lena ab, die 2 km
und 800 m von ihm weg wohnt. Zusammen fahren sie zu Olli.
Von dort aus radeln sie gemeinsam die 5 km und 200 m zu See.
Wie weit wohnt Olli von Lena entfernt?

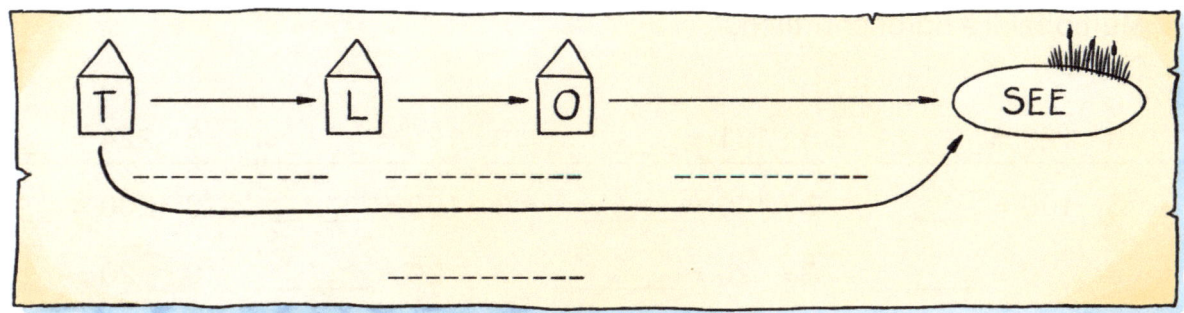

Antwort: _____

41

Multiplizieren

1 Multipliziere halbschriftlich.

7 · 13 = ____	6 · 15 = ____	4 · 18 = ____	3 · 13 = ____
7 · 10 = ____	6 · 10 = ____	4 · 10 = ____	3 · 10 = ____
7 · 3 = ____	6 · 5 = ____	4 · 8 = ____	3 · 3 = ____

3 · 24 = ____	4 · 24 = ____	4 · 25 = ____	5 · 25 = ____
3 · 20 = ____	4 · 20 = ____	4 · 20 = ____	5 · 20 = ____
3 · 4 = ____	4 · 4 = ____	4 · 5 = ____	5 · 5 = ____

4 · 32 = ____	4 · 33 = ____	4 · 43 = ____	4 · 44 = ____
4 · 30 = ____	4 · 30 = ____	4 · 40 = ____	4 · 40 = ____
4 · ____ = ____	4 · ____ = ____	4 · ____ = ____	4 · ____ = ____

2 Multipliziere halbschriftlich.

53 · 4 = ____	56 · 4 = ____	56 · 6 = ____	56 · 8 = ____
50 · 4 = ____	50 · 4 = ____	50 · 6 = ____	50 · 8 = ____
3 · 4 = ____	6 · 4 = ____	6 · 6 = ____	6 · 8 = ____

64 · 2 = ____	65 · 3 = ____	66 · 4 = ____	67 · 5 = ____
60 · 2 = ____	60 · 3 = ____	60 · 4 = ____	60 · 5 = ____
____ · 2 = ____	____ · 3 = ____	____ · 4 = ____	____ · 5 = ____

3 Multipliziere halbschriftlich.

3 · 120 = ____	3 · 121 = ____	3 · 124 = ____	3 · 224 = ____
3 · 100 = ____	3 · 100 = ____	3 · 100 = ____	3 · 200 = ____
3 · 20 = ____	3 · 20 = ____	3 · 20 = ____	3 · 20 = ____
	3 · 1 = ____	3 · 4 = ____	3 · 4 = ____

Multiplizieren

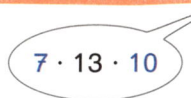 

1 Multipliziere halbschriftlich.

7 · 13 = _91_	70 · 13 = _910_
7 · 10 = _70_	_91_ · 10 = _910_
7 · 3 = _21_	

5 · 18 = _____	50 · 18 = _____
5 · 10 = _____	_____ · 10 = _____
5 · 8 = _____	

4 · 15 = _____	40 · 15 = _____
4 · 10 = _____	_____ · 10 = _____
4 · 5 = _____	

6 · 17 = _____	60 · 17 = _____
6 · 10 = _____	_____ · 10 = _____
6 · 7 = _____	

2 Multipliziere halbschriftlich.

3 · 24 = _72_	30 · 24 = _720_
3 · 20 = _60_	_72_ · 10 = _720_
3 · 4 = _12_	

5 · 54 = _____	50 · 54 = _____
5 · 50 = _____	_____ · 10 = _____
5 · 4 = _____	

7 · 33 = _____	70 · 33 = _____
7 · 30 = _____	_____ · 10 = _____
7 · 3 = _____	

5 · 64 = _____	50 · 64 = _____
5 · 60 = _____	_____ · 10 = _____
5 · 4 = _____	

2 · 75 = _____	20 · 75 = _____
2 · 70 = _____	_____ · 10 = _____
2 · 5 = _____	

4 · 36 = _____	40 · 36 = _____
4 · 30 = _____	_____ · 10 = _____
4 · 6 = _____	

6 · 42 = _____	60 · 42 = _____
6 · 40 = _____	_____ · 10 = _____
6 · 2 = _____	

8 · 16 = _____	80 · 16 = _____
8 · 10 = _____	_____ · 10 = _____
8 · 6 = _____	

Schrittweise schriftlich multiplizieren

1. Einer multiplizieren

T	H	Z	E		
1	7	2	8	·	2
			6		

$2 \cdot 8\,E = 16\,E = 1\,Z\,6\,E$
6 E schreibe ich hin.
1 Z merke ich mir.

2. Zehner multiplizieren

T	H	Z	E		
1	7	2	8	·	2
		5	6		

$2 \cdot 2\,Z = 4\,Z$
$4\,Z + 1\,Z = 5\,Z$
5 Z schreibe ich hin.

3. Hunderter multiplizieren

T	H	Z	E		
1	7	2	8	·	2
	4	5	6		

$2 \cdot 7\,H = 14\,H = 1\,T\,4\,H$
4 H schreibe ich hin.
1 T merke ich mir.

4. Tausender multiplizieren

T	H	Z	E		
1	7	2	8	·	2
3	4	5	6		

$2 \cdot 1\,T = 2\,T$
$2\,T + 1\,T = 3\,T$
3 T schreibe ich hin.

---

1 Multipliziere. Folge den Schritten, sprich und notiere.

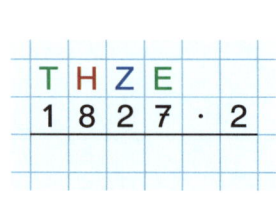

T	H	Z	E		
2	7	1	8	·	2

1.
$2 \cdot 8\,E = 16\,E = 1\,Z\,6\,E$
6 E schreibe ich hin.
1 Z merke ich mir.

2.
$2 \cdot 1\,Z = 2\,Z$
$2\,Z + 1\,Z = 3\,Z$
3 Z schreibe ich hin.

3.
$2 \cdot 7\,H = 14\,H = 1\,T\,4\,H$
4 H schreibe ich hin.
1 T merke ich mir.

4.
$2 \cdot 2\,T = 4\,T$
$4\,T + 1\,T = 5\,T$
5 T schreibe ich hin.

---

2 Multipliziere. Folge den Schritten, sprich und notiere.

T	H	Z	E		
1	8	2	7	·	2

1.
$2 \cdot 7\,E = 14\,E = 1\,Z\,4\,E$
4 E schreibe ich hin.
1 Z merke ich mir.

2.
$2 \cdot 2\,Z = 4\,Z$
$4\,Z + 1\,Z = 5\,Z$
5 Z schreibe ich hin.

3.
$2 \cdot 8\,H = 16\,H = 1\,T\,6\,H$
6 H schreibe ich hin.
1 T merke ich mir.

4.
$2 \cdot 1\,T = 2\,T$
$2\,T + 1\,T = 3\,T$
3 T schreibe ich hin.

→ Hinweis Ausgabe Bayern: S. 44 durch S. 75 ersetzen

Schriftliches Multiplizieren

Multipliziere. Folge den Schritten, ergänze sie und notiere.

a)

T	H	Z	E	
1	4	2	3	· 4

1.
4 · 3 E = 12 E = 1 Z 2 E

___ E schreibe ich hin.

___ Z merke ich mir.

2.
4 · 2 Z = 8 Z

___ Z + ___ Z = ___ Z

___ Z schreibe ich hin.

3.
4 · 4 H = 16 H = 1 T 6 H

___ H schreibe ich hin.

___ T merke ich mir.

4.
4 · 1 T = 4 T

___ T + ___ T = ___ T

___ T schreibe ich hin.

b)

T	H	Z	E	
2	3	1	6	· 4

1.
4 · 6 E = 24 E = 2 Z 4 E

___ E schreibe ich hin.

___ Z merke ich mir.

2.
4 · 1 Z = 4 Z

___ Z + ___ Z = ___ Z

___ Z schreibe ich hin.

3.
4 · 3 H = 12 H = 1 T 2 H

___ H schreibe ich hin.

___ T merke ich mir.

4.
4 · 2 T = 8 T

___ T + ___ T = ___ T

___ T schreibe ich hin.

c)

T	H	Z	E	
1	5	3	7	· 5

1.
5 · 7 E = 35 E = 3 Z 5 E

___ E schreibe ich hin.

___ Z merke ich mir.

2.
5 · 3 Z = 15 Z = 1 H 5 Z

___ Z + ___ Z = ___ Z

___ Z schreibe ich hin.

___ H merke ich mir.

3.
5 · 5 H = 25 H = 2 T 5 H

___ H + ___ H = ___ H

___ H schreibe ich hin.

___ T merke ich mir.

4.
5 · 1 T = 5 T

___ T + ___ T = ___ T

___ T schreibe ich hin.

➡ Hinweis Ausgabe Bayern: S. 45 durch S. 76 ersetzen

Schriftliches Multiplizieren

1 Multipliziere schriftlich. Sprich dazu.

| 5 2 1 · 5 | 2 4 8 · 4 | 4 7 9 · 2 | 1 5 8 · 6 |
| 2 6 0 5 | | | |

| 3 2 6 · 3 | 7 1 8 · 6 | 5 2 9 · 7 | 2 4 6 · 8 |

| 1 4 3 2 · 7 | 2 5 1 3 · 4 | 1 3 5 4 · 6 | 1 2 9 6 · 8 |

| 2 2 3 3 · 5 | 4 6 2 8 · 3 | 9 8 5 2 · 2 | 2 7 4 5 · 3 |

2 Vorsicht Nullen!

| 3 5 6 0 · 2 | 4 7 2 0 · 3 | 2 9 6 0 · 5 | 1 6 2 0 · 4 |
| 7 1 2 0 | | | |

| 2 4 0 3 · 3 | 1 9 0 2 · 4 | 3 7 0 1 · 6 | 6 8 0 4 · 2 |
| 7 2 0 9 | | | |

| 3 8 0 5 · 3 | 2 3 0 4 · 6 | 4 6 0 7 · 3 | 5 1 0 5 · 7 |

| 4 0 0 8 · 8 | 3 0 6 7 · 5 | 2 0 9 0 · 7 | 5 0 0 5 · 8 |

1 Multipliziere schriftlich.

```
3 2 7 · 2 0        4 3 6 · 2 0        2 4 1 · 4 0        3 7 0 · 6 0
      6 5 4 0
```

```
4 2 3 · 5 0        5 0 6 · 7 0        6 1 3 · 8 0        4 6 9 · 2 0
```

2 Multipliziere schriftlich.

```
3 2 7 · 2 2        2 1 5 · 3 3        1 2 4 · 4 4        3 0 6 · 3 3
      6 5 4 0
        6 5 4
      1
      7 1 9 4
```

```
2 3 1 · 5 5        4 6 7 · 2 2        3 5 2 · 4 4        5 2 3 · 5 5
```

3 Multipliziere schriftlich.

```
3 4 6 · 1 3        3 4 6 · 2 3        3 4 6 · 3 3        3 4 6 · 4 3
```

```
5 6 2 · 4 1        5 6 2 · 4 2        5 6 2 · 4 3        5 6 2 · 4 4
```

Tonne und Kilogramm

1 Wandle um in Kilogramm.

1 t = 1 000 kg

a)

	t	kg		
7,275 t	7	2	7	5	→ 7 275 kg
10,102 t					
5,030 t					
5,003 t					
5,3 t					

b)

	t	kg		
2 t 375 kg	2	3	7	5	→ 2 375 kg
16 t 540 kg					
5 t 500 kg					
5 t 50 kg					
5 t 5 kg					

2 Wandle um in Tonnen.

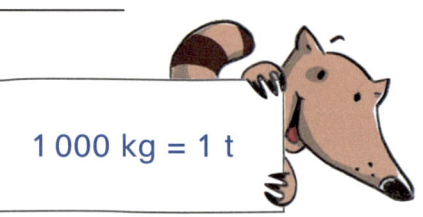

1 000 kg = 1 t

a)

	t		kg		
12 350 kg	1	2	3	5	0	→ 12,350 t
33 333 kg						
8 080 kg						
8 008 kg						
800 kg						

b)

	t		kg		
10 t 512 kg	1	0	5	1	2	→ 10,512 t
4 t 613 kg						
7 t 50 kg						
7 t 5 kg						
700 kg						

→ Hinweis Ausgabe Bayern: Das Thema „Tonne" ist kein Lehrplaninhalt in Bayern.

Tierische Weltrekorde

Der Strauß

Größe:	2,8 m
Gewicht:	150 kg
Nahrung pro Tag:	25 kg

Straußenküken

Größe:	35 cm
Gewicht:	800 g

Die Giraffe

Größe:	25,5 m
Gewicht:	750 kg
Nahrung pro Tag:	80 kg

Giraffen-Baby

Größe:	2 m
Gewicht:	80 kg

1 Im Zoo leben sieben Strauße.
Wie viele Kilogramm Futter fressen sie am Tag?

A: _____

_____

2 Wie schwer sind drei Giraffen-Babys?

A: _____

3 Wie viele Kilogramm Futter frisst eine Giraffe in einer Woche (7 Tage)?

A: _____

4 Zwei Strauße sind schwerer als vier Giraffen-Babys. Stimmt das?

A: _____

Halbschriftliches Dividieren

Rechne halbschriftlich. Welche Zahl wählst du für den ersten Rechenschritt?

a)

50	100	150	200	250	300	350	400	450	500
$10 \cdot 5$	$20 \cdot 5$	$30 \cdot 5$	$40 \cdot 5$	$50 \cdot 5$	$60 \cdot 5$	$70 \cdot 5$	$80 \cdot 5$	$90 \cdot 5$	$100 \cdot 5$

$95 \quad : 5 =$ _____
_____ $: 5 =$ ___
_____ $: 5 =$ ___

$175 \quad : 5 =$ _____
_____ $: 5 =$ ___
_____ $: 5 =$ ___

$210 \quad : 5 =$ _____
_____ $: 5 =$ ___
_____ $: 5 =$ ___

$285 \quad : 5 =$ _____
_____ $: 5 =$ ___
_____ $: 5 =$ ___

b)

40	80	120	160	200	240	280	320	360	400
$10 \cdot 4$	$20 \cdot 4$	$30 \cdot 4$	$40 \cdot 4$	$50 \cdot 4$	$60 \cdot 4$	$70 \cdot 4$	$80 \cdot 4$	$90 \cdot 4$	$100 \cdot 4$

$100 \quad : 4 =$ _____
_____ $: 4 =$ ___
_____ $: 4 =$ ___

$196 \quad : 4 =$ _____
_____ $: 4 =$ ___
_____ $: 4 =$ ___

$288 \quad : 4 =$ _____
_____ $: 4 =$ ___
_____ $: 4 =$ ___

$324 \quad : 4 =$ _____
_____ $: 4 =$ ___
_____ $: 4 =$ ___

c)

60	120	180	240	300	360	420	480	540	600
$10 \cdot 6$	$20 \cdot 6$	$30 \cdot 6$	$40 \cdot 6$	$50 \cdot 6$	$60 \cdot 6$	$70 \cdot 6$	$80 \cdot 6$	$90 \cdot 6$	$100 \cdot 6$

$204 \quad : 6 =$ _____
_____ $: 6 =$ ___
_____ $: 6 =$ ___

$378 \quad : 6 =$ _____
_____ $: 6 =$ ___
_____ $: 6 =$ ___

$492 \quad : 6 =$ _____
_____ $: 6 =$ ___
_____ $: 6 =$ ___

$594 \quad : 6 =$ _____
_____ $: 6 =$ ___
_____ $: 6 =$ ___

d)

30	60	90	120	150	180	210	240	270	300
$10 \cdot 3$	$20 \cdot 3$	$30 \cdot 3$	$40 \cdot 3$	$50 \cdot 3$	$60 \cdot 3$	$70 \cdot 3$	$80 \cdot 3$	$90 \cdot 3$	$100 \cdot 3$

$45 \quad : 3 =$ _____
_____ $: 3 =$ ___
_____ $: 3 =$ ___

$159 \quad : 3 =$ _____
_____ $: 3 =$ ___
_____ $: 3 =$ ___

$222 \quad : 3 =$ _____
_____ $: 3 =$ ___
_____ $: 3 =$ ___

$117 \quad : 3 =$ _____
_____ $: 3 =$ ___
_____ $: 3 =$ ___

Halbschriftliches Dividieren

1 Rechne halbschriftlich.

356 : 4 = ____	510 : 6 = ____	496 : 8 = ____	294 : 3 = ____
320 : 4 = ____	480 : 6 = ____	480 : 8 = ____	270 : 3 = ____
36 : 4 = ____	30 : 6 = ____	16 : 8 = ____	24 : 3 = ____

828 : 9 = ____	819 : 9 = ____	237 : 3 = ____	144 : 3 = ____
810 : 9 = ____	810 : 9 = ____	210 : 3 = ____	120 : 3 = ____
18 : 9 = ____	9 : 9 = ____	27 : 3 = ____	24 : 3 = ____

2 Rechne halbschriftlich.

535 : 5 = ____	288 : 3 = ____	945 : 9 = ____	462 : 7 = ____
500 : 5 = ____	270 : 3 = ____	900 : 9 = ____	420 : 7 = ____
____ : 5 = ____	____ : 3 = ____	____ : 9 = ____	____ : 7 = ____

188 : 4 = ____	582 : 6 = ____	752 : 8 = ____	344 : 4 = ____
160 : 4 = ____	540 : 6 = ____	720 : 8 = ____	320 : 4 = ____
____ : 4 = ____	____ : 6 = ____	____ : 8 = ____	____ : 4 = ____

3 Rechne halbschriftlich.

198 : 9 = ____	855 : 9 = ____	285 : 5 = ____	294 : 7 = ____
____ : 9 = ____	____ : 9 = ____	____ : 5 = ____	____ : 7 = ____
____ : 9 = ____	____ : 9 = ____	____ : 5 = ____	____ : 7 = ____

636 : 6 = ____	545 : 5 = ____	279 : 9 = ____	252 : 3 = ____
____ : 6 = ____	____ : 5 = ____	____ : 9 = ____	____ : 3 = ____
____ : 6 = ____	____ : 5 = ____	____ : 9 = ____	____ : 3 = ____

Schriftliches Dividieren

Schau dir die Rechenschritte an.
Lege sie nach.

$$4\,125 : 3 = \underline{\hspace{2cm}}$$

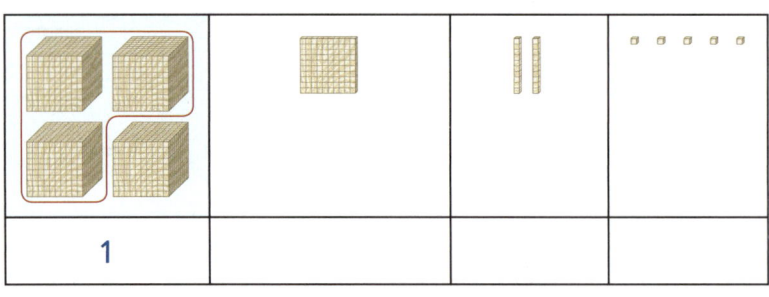

T	H	Z	E			T	H	Z	E
4	1	2	5	: 3 =	1				
3									
1									

Ich teile 4 T durch 3. 1 T bleibt übrig.
Ich wechsle 1 T in 10 H.

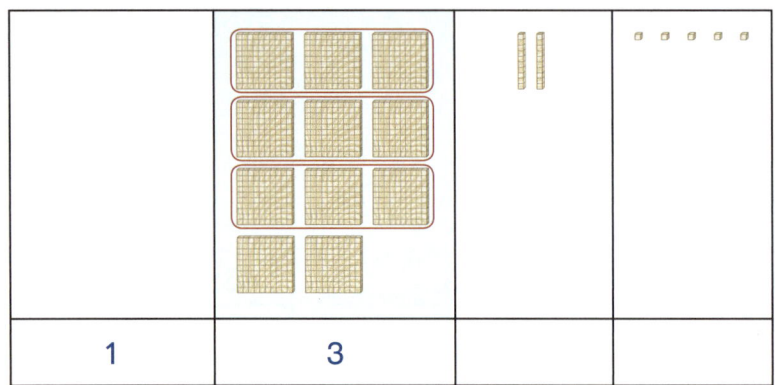

T	H	Z	E			T	H	Z	E
4	1	2	5	: 3 =	1	3			
3									
1	1								
	9								
	2								

Ich teile 11 H durch 3. 2 H bleiben übrig.
Ich wechsle 2 H in 20 Z.

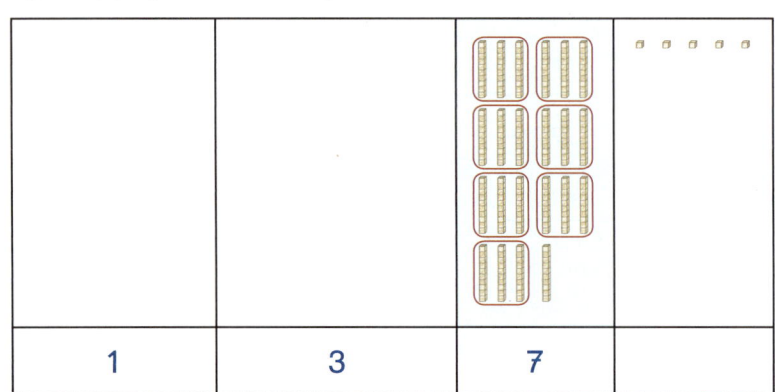

T	H	Z	E			T	H	Z	E
4	1	2	5	: 3 =	1	3	7		
3									
1	1								
	9								
	2	2							
	2	1							
		1							

Ich teile 22 Z durch 3. 1 Z bleibt übrig.
Ich wechsle 1 Z in 10 E.

T	H	Z	E			T	H	Z	E
4	1	2	5	: 3 =	1	3	7	5	
3									
1	1								
	9								
	2	2							
	2	1							
		1	5						
		1	5						
			0						

Ich teile 15 E durch 3.

➡ Hinweis Ausgabe Bayern: S. 52 durch S. 77 ersetzen

Schriftliches Dividieren

Lege mit dem Dienes-Material und teile. Notiere schrittweise.

a)

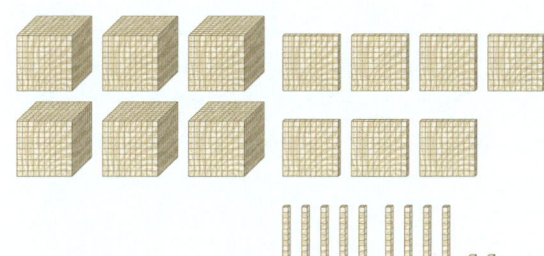

6 792 : 6 = _____

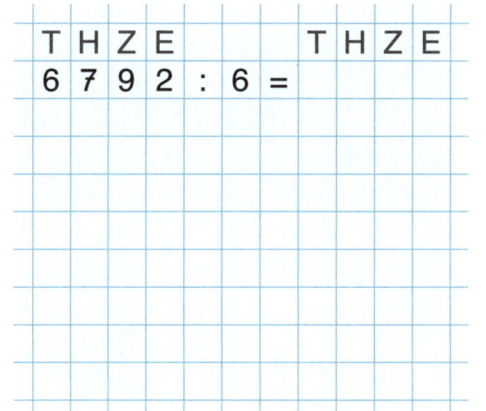

T	H	Z	E			T	H	Z	E
6	7	9	2	:	6 =				

b)

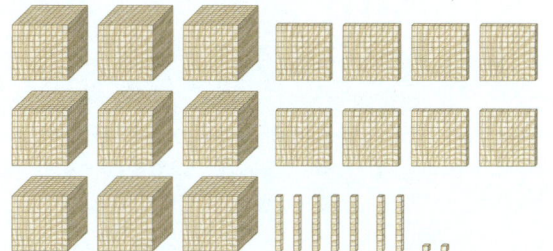

9 872 : 8 = _____

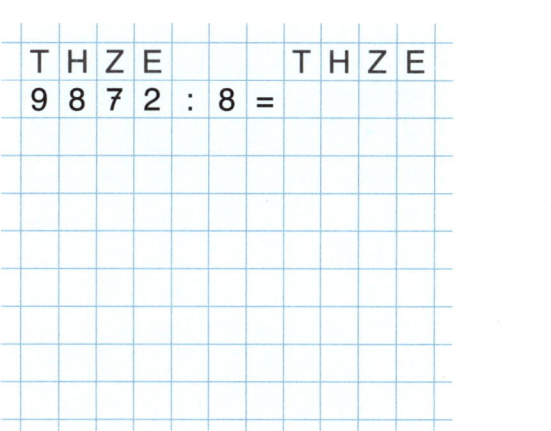

T	H	Z	E			T	H	Z	E
9	8	7	2	:	8 =				

c)

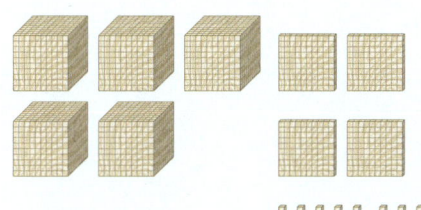

5 408 : 4 = _____

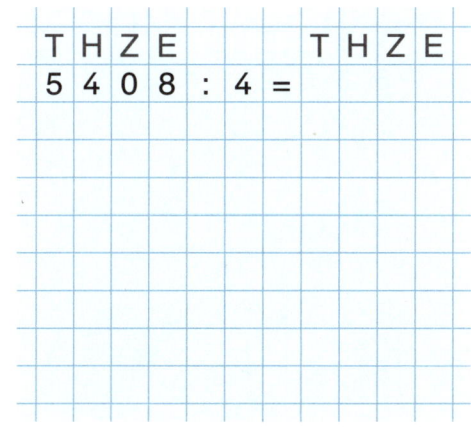

T	H	Z	E			T	H	Z	E
5	4	0	8	:	4 =				

d)

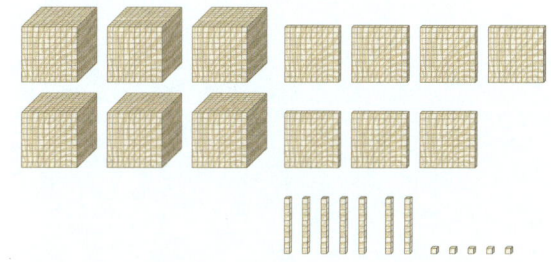

6 775 : 5 = _____

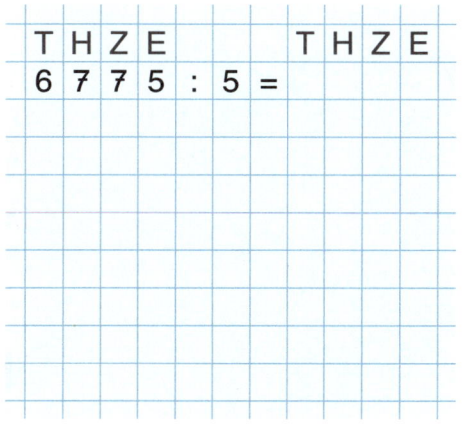

T	H	Z	E			T	H	Z	E
6	7	7	5	:	5 =				

➡ Hinweis Ausgabe Bayern: S. 53 durch S. 78 ersetzen

Schriftliches Dividieren

Dividiere schriftlich.

T	H	Z	E				T	H	Z	E
6	7	8	5	:	5	=				

T	H	Z	E				T	H	Z	E
7	3	3	6	:	4	=				

T	H	Z	E				T	H	Z	E
9	6	9	5	:	7	=				

T	H	Z	E				T	H	Z	E
8	6	3	4	:	6	=				

T	H	Z	E				T	H	Z	E
9	2	4	8	:	8	=				

T	H	Z	E				T	H	Z	E
5	0	2	5	:	3	=				

T	H	Z	E				T	H	Z	E
6	7	3	0	:	5	=				

T	H	Z	E				T	H	Z	E
6	3	9	2	:	4	=				

Schriftliches Dividieren

Dividiere schriftlich.

T H Z E   T H Z E
8 3 6 7 : 3 =

T H Z E   T H Z E
7 7 8 5 : 5 =

T H Z E   T H Z E
8 6 8 5 : 5 =

T H Z E   T H Z E
6 3 7 2 : 4 =

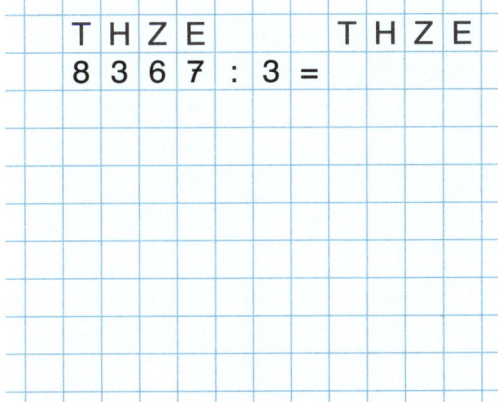

T H Z E   T H Z E
7 4 5 8 : 6 =

T H Z E   T H Z E
8 6 0 3 : 7 =

T H Z E   T H Z E
9 7 6 8 : 8 =

T H Z E   T H Z E
9 6 3 6 : 4 =

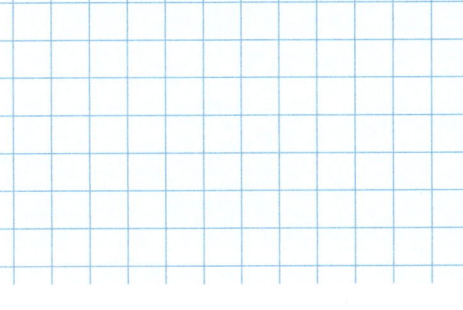

Aufgaben mit Rest: Rechne.

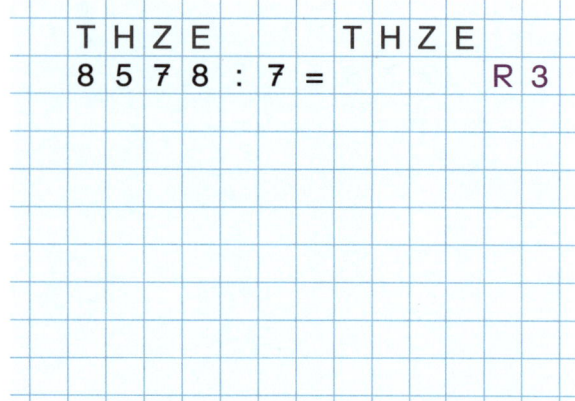

T	H	Z	E			T	H	Z	E				
8	5	7	8	:	7	=						R	3

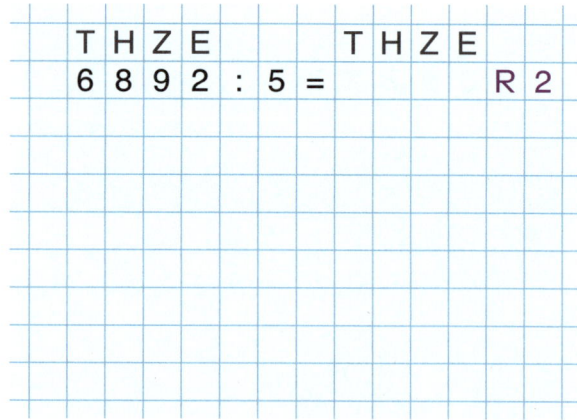

T	H	Z	E			T	H	Z	E				
6	8	9	2	:	5	=						R	2

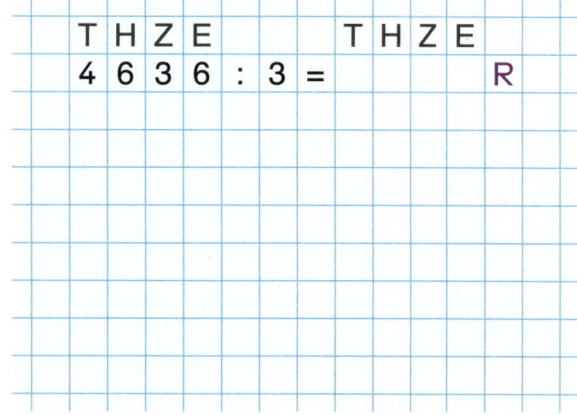

T	H	Z	E			T	H	Z	E			
9	8	5	8	:	8	=						R

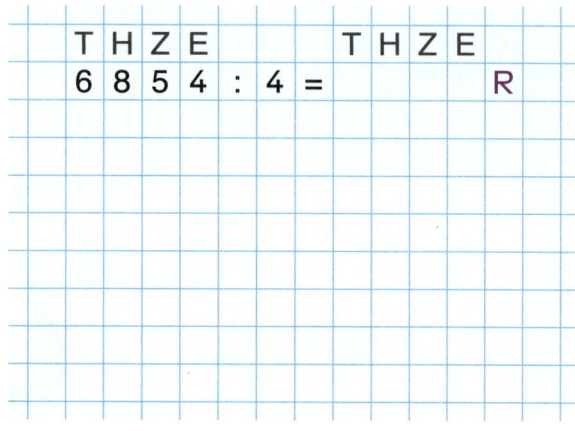

T	H	Z	E			T	H	Z	E			
6	8	5	4	:	4	=						R

T	H	Z	E			T	H	Z	E		
4	6	3	6	:	3	=					R

T	H	Z	E			T	H	Z	E		
6	8	4	2	:	5	=					R

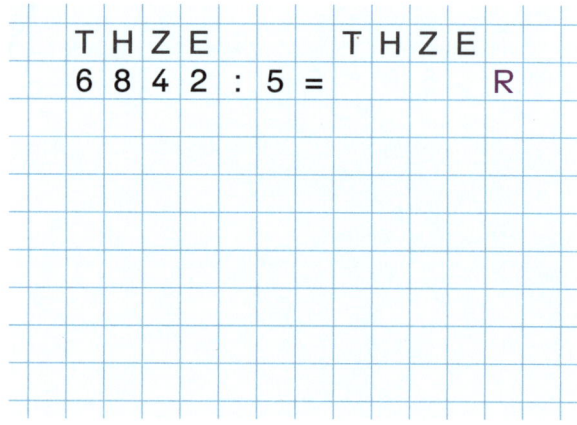

T	H	Z	E			T	H	Z	E		
9	8	6	3	:	6	=					R

T	H	Z	E			T	H	Z	E		
7	8	6	6	:	4	=					R

Rechnen mit Kommazahlen

1 Wandle um in Euro.

a)

	€		ct			
495 ct			4	9	5	4,95 €
850 ct						
609 ct						
2 638 ct						
8 205 ct						
12 057 ct						

1 € = 100 ct

2 Wandle um in Cent. Multipliziere.
Gib das Ergebnis in Euro an.

3,12 € · 3 = _____ €

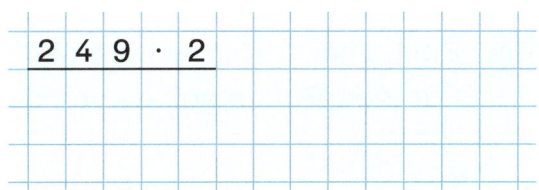

3 1 2 · 3
    9 3 6

9 3 6 ct = 9,3 6 €

2,49 € · 2 = _____ €

2 4 9 · 2

6,05 € · 5 = _____ €

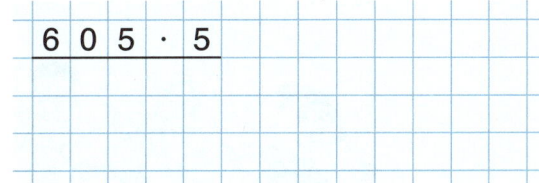

6 0 5 · 5

1,98 € · 4 = _____ €

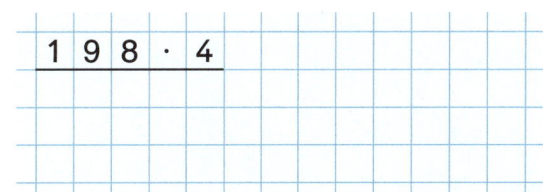

1 9 8 · 4

4,20 € · 6 = _____ €

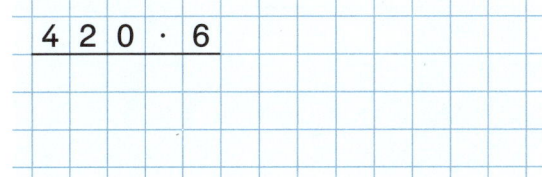

4 2 0 · 6

7,42 € · 3 = _____ €

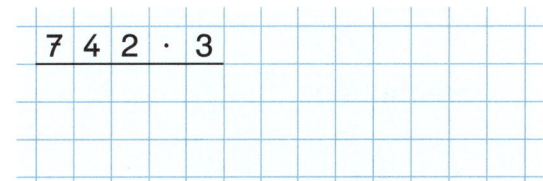

7 4 2 · 3

Sponsorenlauf

1 Jana ist 6 Runden auf dem Schulhof gelaufen.
Für jede Runde gab es vom Computerhaus Total 15 €.

Frage: Welchen Betrag hat Jana für die Schule
erlaufen?

Antwort: Jana hat einen Betrag von _____
erlaufen.

2 Pia ist 13 Runden auf dem Schulhof gelaufen.
Für jede Runde gab es von ihren Eltern 4 €.

Frage: Welchen Betrag hat Pia für die Schule
erlaufen?

Antwort: Pia hat einen Betrag von _____ erlaufen.

3 Emilio ist 12 Runden auf dem Schulhof gelaufen.
Für jede Runde gab es von der Bäckerei Mohn 7 €.

Frage: Welchen Betrag hat Emilio für die Schule
erlaufen?

Antwort: Emilio _____

_____

4 Ben ist 9 Runden auf dem Schulhof gelaufen.
Für jede Runde gab es von den Eltern 3 € und
von den Großeltern 2 €.

Frage: _____

Rechnung: _____

Antwort: _____

Sponsorenlauf

1 Nico ist 7 Runden auf dem Schulhof gelaufen.
Nicos Eltern haben 28 Euro bezahlt.

Frage: Wie viel Geld haben die Eltern für eine Runde gesponsert?

Rechnung:

Antwort: Die Eltern haben für eine Runde _____ gesponsert.

2 Olga ist 7 Runden auf dem Schulhof gelaufen.
Olgas Sponsor, das Autohaus Bauer,
hat 84 Euro bezahlt.

Frage: Wie viel Geld hat das Autohaus für
             eine Runde gesponsert?

Antwort: Das Autohaus hat für eine Runde

             _____ gesponsert.

3 Kim ist 8 Runden auf dem Schulhof gelaufen.
Kims Sponsor, die Buchhandlung Meier,
hat 104 € bezahlt.

Frage: Wie viel Geld hat die Buchhandlung für
             eine Runde gesponsert?

Antwort: Die Buchhandlung hat für eine Runde

             _____ gesponsert.

4 Olli ist 9 Runden auf dem Schulhof gelaufen.
Ollis Sponsor, der Pferdehof Glück, hat insgesamt
117 Euro bezahlt.

Frage: _____

             _____

Antwort: _____

             _____

Geld ausgeben

Tim hat 18 **5**-Cent-Münzen. Charlotte hat 14 **10**-Cent-Münzen.

Stell dir Folgendes vor: Tim gibt jeden Tag **5 Cent** aus und Charlotte **10 Cent**.

Am wievielten Tag hätte Tim mehr Geld als Charlotte?

Tim gibt jeden Tag **5 Cent** aus.

Charlotte gibt jeden Tag **10 Cent** aus.

Streiche für jeden Tag die Münzen durch und notiere in der Tabelle.

Tag	Tims Geld: 90 ct	Charlottes Geld: 140 ct
1	85 ct	130 ct
2	80 ct	

Antwort: _____

Geld ausgeben

Tim hat 18 (5)-Cent-Münzen. Charlotte hat 14 (10)-Cent-Münzen.

Stell dir Folgendes vor: Tim gibt jeden Tag **10 Cent** aus und Charlotte **20 Cent**.

Am wievielten Tag hätte Tim mehr Geld als Charlotte?

Tim gibt jeden Tag **10 Cent** aus.

Charlotte gibt jeden Tag **20 Cent** aus.

Streiche für jeden Tag die Münzen durch und notiere in der Tabelle.

Tag	Tims Geld: 90 ct	Charlottes Geld: 140 ct
1	80 ct	120 ct
2	70 ct	

Antwort: _____

Einfache Brüche

1 Färbe die Bruchteile.

a)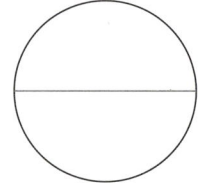

$\frac{1}{2}$ ein Halb

b)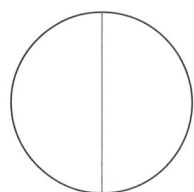

$\frac{1}{2}$ ein Halb

c)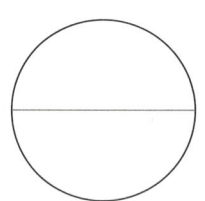

$\frac{2}{2}$ zwei Halbe

ein Ganzes

d)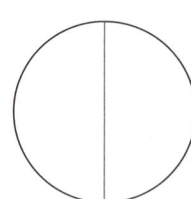

$\frac{2}{2}$ zwei Halbe

ein Ganzes

e)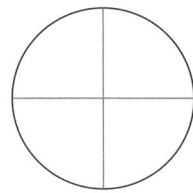

$\frac{1}{4}$ ein Viertel

f)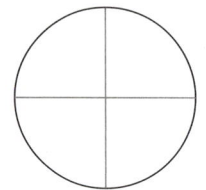

$\frac{2}{4}$ zwei Viertel

g)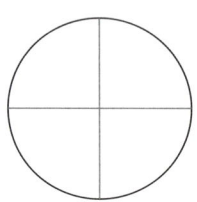

$\frac{3}{4}$ drei Viertel

h)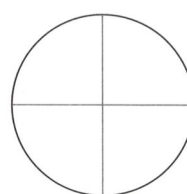

$\frac{4}{4}$ vier Viertel

ein Ganzes

2 Wie heißen die Bruchteile? Notiere.

a)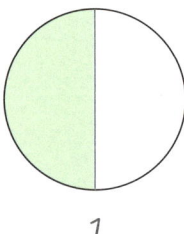

$\frac{1}{2}$

b)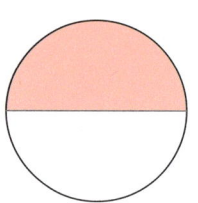

___

c)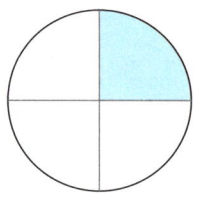

___

d)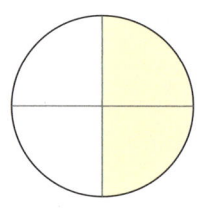

___

e)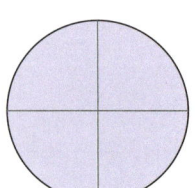

___

f)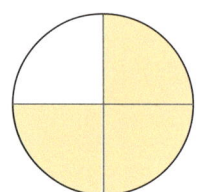

___

g)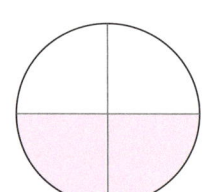

___

h)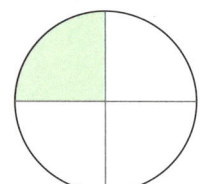

___

Einfache Brüche

1 Färbe die Bruchteile.

a)

$\frac{1}{2}$ ein Halb

b)

$\frac{1}{4}$ ein Viertel

c)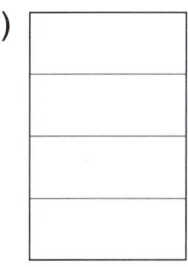

$\frac{2}{4}$ zwei Viertel

d)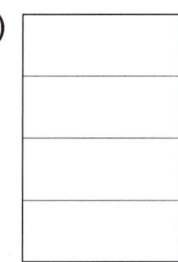

$\frac{3}{4}$ drei Viertel

e)

$\frac{2}{2}$ zwei Halbe

f)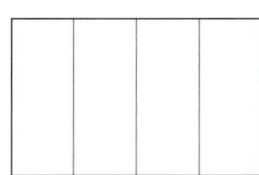

$\frac{2}{4}$ zwei Viertel

g)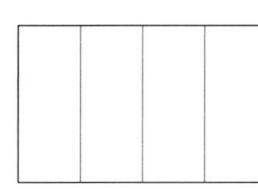

$\frac{4}{4}$ vier Viertel

h)

$\frac{1}{2}$ ein Halb

2 Wie heißen die Bruchteile? Notiere.

a)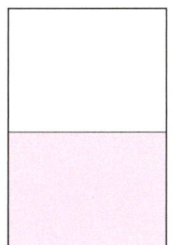

___

b)

___

c)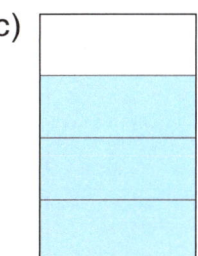

___

d)

___

e)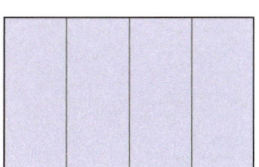

___

f)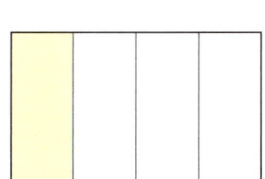

___

g)

___

h)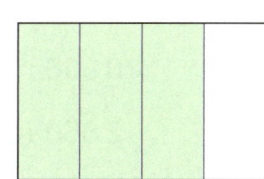

___

Liter und Milliliter

1 Wandle um in Milliliter.

$1\ l = 1\ 000\ ml$

a)

		l		ml			3 350 ml
3 l 350 ml			3	3	5	0	*3 350 ml*
2 l 375 ml							
1 l 075 ml							
7 l 005 ml							
0 l 750 ml							

b)

		l		ml			
1,225 l			1	2	2	5	*1 225 ml*
3,750 l							
5,500 l							
1,050 l							
1,005 l							

2 Wandle um in Liter.

$1\ 000\ ml = 1\ l$

a)

		l		ml			
6 l 650 ml			6	6	5	0	*6,650 l*
8 l 300 ml							
4 l 205 ml							
0 l 375 ml							
5 l 200 ml							

b)

		l		ml			
4 355 ml			4	3	5	5	*4,355 l*
10 500 ml							
2 650 ml							
5 805 ml							
7 075 ml							

➡ Hinweis Ausgabe Bayern: S. 64 durch S. 79 ersetzen

Liter und Milliliter

1 Verbinde.

| Milch | Eimer | Badewanne | Esslöffel | Trinkflasche |

150 l   1 l   10 l   500 ml   10 ml

2 Zeichne die richtige Füllmenge ein.

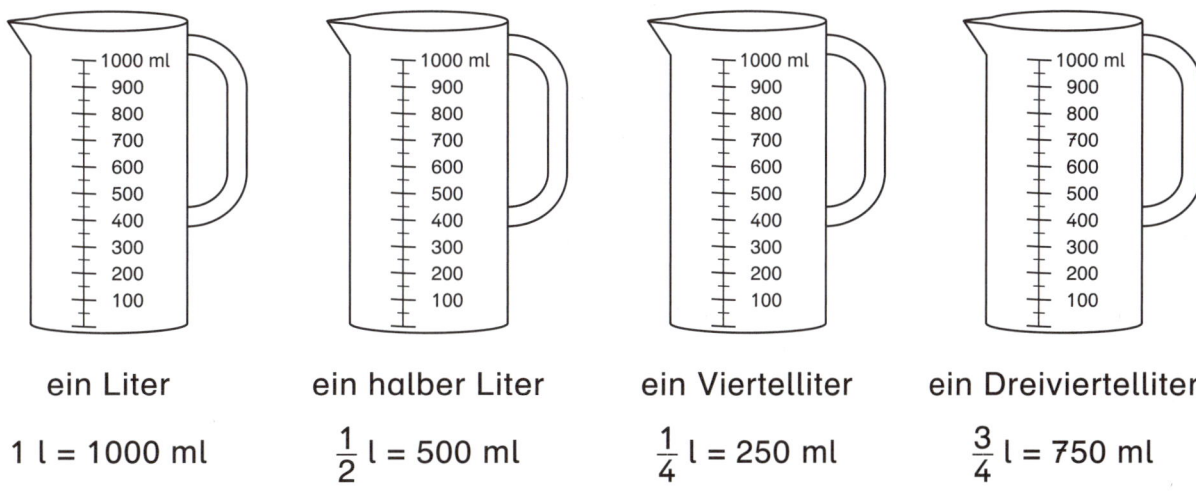

| ein Liter | ein halber Liter | ein Viertelliter | ein Dreiviertelliter |
| 1 l = 1000 ml | $\frac{1}{2}$ l = 500 ml | $\frac{1}{4}$ l = 250 ml | $\frac{3}{4}$ l = 750 ml |

3 Vergleiche: $>$, $=$, $<$

$\frac{1}{2}$ l $\bigcirc$ 250 ml $1\frac{1}{4}$ l $\bigcirc$ 1 l 250 ml

$\frac{1}{4}$ l $\bigcirc$ 200 ml $1\frac{1}{2}$ l $\bigcirc$ 1 l 750 ml

$\frac{3}{4}$ l $\bigcirc$ 780 ml $1\frac{3}{4}$ l $\bigcirc$ 1 l 500 ml

1 l $\bigcirc$ 1 000 ml $2\frac{1}{2}$ l $\bigcirc$ 2 l 100 ml

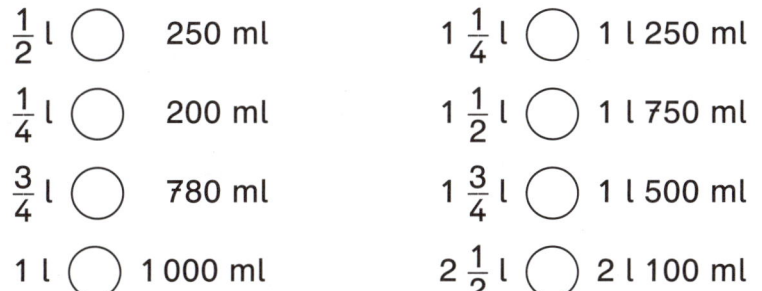

Wasserverbrauch

So viel Wasser verbrauchst du ungefähr, wenn du einmal ...

die Hände wäschst:	die Toilette benutzt:	duschst:	badest:

2 l	6 l	50 l	150 l

1 Wie viel Liter Wasser verbrauchst du, ...

a) wenn du dir viermal die Hände wäschst?

Antwort: Ich verbrauche dafür _____ Wasser.

b) wenn du fünfmal duschst?

Antwort: Ich verbrauche dafür _____ Wasser.

c) wenn du dreimal badest?

Antwort: _____

_____

d) wenn du achtmal die Toilette benutzt und dir anschließend jedes Mal die Hände wäschst?

Antwort: _____

_____

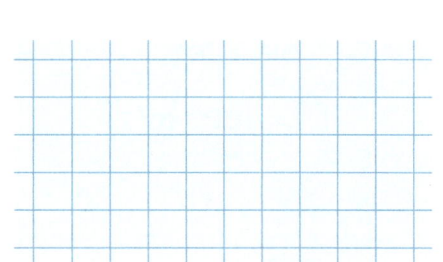

2 In einer Regentonne sind 150 l Wasser.
Jana hat eine Gießkanne, die 5 l fasst.
Wie oft kann Jana die Gießkanne füllen?

Antwort: _____

Rauminhalt

1 Timo möchte ein 60-Liter-Aquarium mit Wasser befüllen.

a) Er nimmt dazu einen 5-Liter-Eimer.
   Wie oft muss er den Eimer füllen?

   Antwort: _____

   _____

b) Er nimmt dazu eine 4-Liter-Gießkanne.
   Wie oft muss er die Gießkanne füllen?

   Antwort: _____

   _____

2 a) Kim füllt eine 200-Milliliter-Tasse mit heißem Kakao.
   Dann löffelt sie den Kakao mit einem Teelöffel aus.
   Wie viele Teelöffel Kakao sind in der Tasse?

Teelöffel: 5 ml

   Antwort: _____

b) Noemi füllt ihren Kakao in eine 300-Milliliter-Tasse.
   Sie löffelt ihren Kakao mit einem Esslöffel aus.
   Wie viele Esslöffel Kakao sind in der Tasse?

Esslöffel: 10 ml

   Antwort: _____

Preise Jugendherberge Waldblick

Übernachtung mit Frühstück (Ü/F)	Halbpension (HP)	Vollpension (VP)
20,00 €	25,00 €	30,00 €

Halbpension:

• Übernachtung
• Frühstück
• Abendessen

Vollpension:

• Übernachtung
• Frühstück
• Mittagessen
• Abendessen

1 Was kostet ein Aufenthalt von 4 Tagen für eine Person …

a) … mit Halbpension?

b) … mit Vollpension?

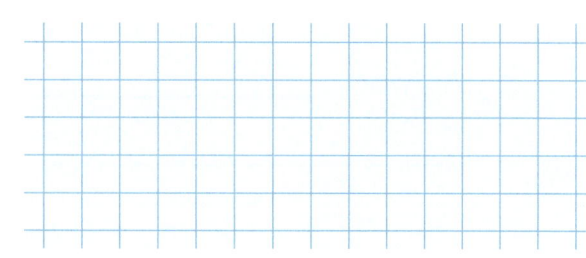

Antwort: a) _____

b) _____

2 In einer Klasse sind 25 Kinder. Die Klasse möchte für 4 Tage in die Jugendherberge Waldblick verreisen. Was kostet der Aufenthalt für alle Kinder zusammen …

a) … mit Halbpension?

b) … mit Vollpension?

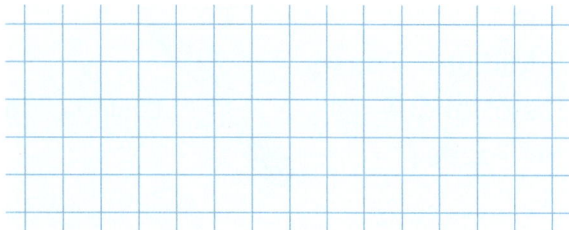

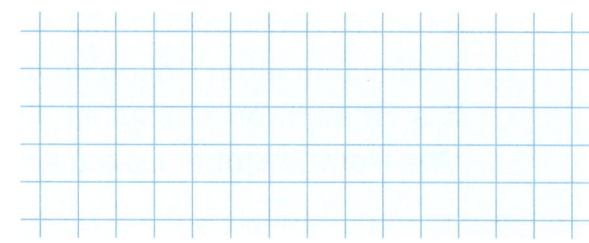

Antwort: a) _____

b) _____

Abschied von der 4. Klasse

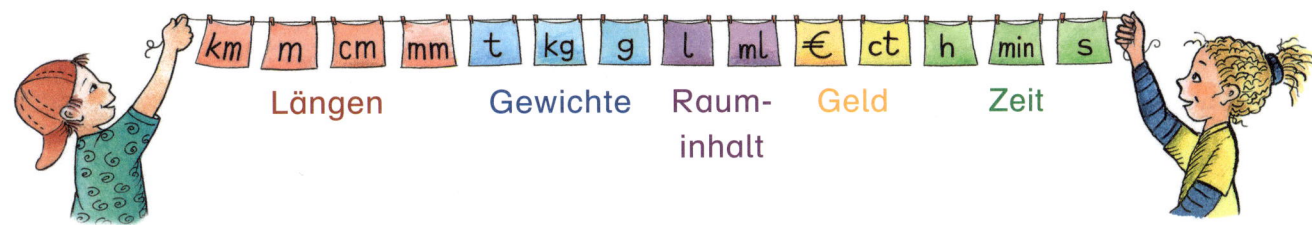

Längen | Gewichte | Raum-inhalt | Geld | Zeit

1 Setze die richtige Maßeinheit ein.

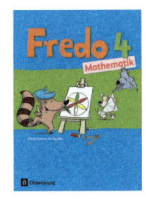
Breite: 21 _____

Preis: 2,60 _____

Gewicht: 15 _____

Inhalt: 200 _____

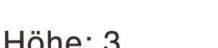
Höhe: 3 _____

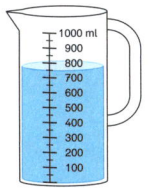
Inhalt: $\frac{3}{4}$ _____

Preis: 75 _____

Größe: 1,40 _____

Inhalt: 10 _____

Gewicht: 210 _____

Länge: 14 _____

Zeitspanne: 40 _____

2 Setze die richtige Maßeinheit ein.

Ein Fußgänger schafft in einer Stunde 4 _____.

Ein Kinderfahrrad kostet 249 _____.

Bei der Geburt wiegt ein Nasenbär 150 _____.

Pia wohnt 950 _____ von der Schule entfernt.

Ali sprintet 75 m in 13 _____.

Ein Marienkäfer ist 6 _____ lang.

In ein kleines Aquarium passen ungefähr 60 _____.

Für 30 km braucht Susi mit dem Fahrrad 2 _____.

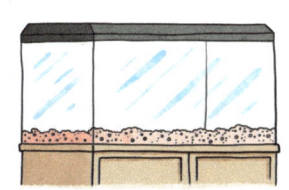

Abschied von der 4. Klasse

1 Markiere zuerst die Stelle, an der sich das Ergebnis ändern wird. Rechne dann.

a) 423 500 +   40 = _____

423 500 +   400 = _____

423 500 +   4 000 = _____

423 500 +   40 000 = _____

423 500 + 400 000 = _____

b) 215 460 +   30 = _____

215 460 +   300 = _____

215 460 +   3 000 = _____

215 460 +   30 000 = _____

215 460 + 300 000 = _____

2 Ergänze.

a) 65 000 + _____ = 100 000

43 000 + _____ = 100 000

51 000 + _____ = 100 000

b) 875 000 + _____ = 1 000 000

586 000 + _____ = 1 000 000

321 000 + _____ = 1 000 000

3 Addiere.

a) 28 + 5 = _____

428 + 5 = _____

5 428 + 5 = _____

b) 630 + 70 = _____

2 630 + 70 = _____

42 630 + 70 = _____

c) 280 + 30 = _____

1 280 + 30 = _____

31 280 + 30 = _____

4 Markiere die Stelle, an der sich das Ergebnis ändern wird. Rechne.

a) 444 444 −   3 = _____

444 444 −   30 = _____

444 444 −   300 = _____

444 444 −   3 000 = _____

444 444 −   30 000 = _____

b) 687 954 −   4 = _____

687 954 −   40 = _____

687 954 −   400 = _____

687 954 −   4 000 = _____

687 954 −   40 000 = _____

5 Subtrahiere.

a) 36 − 7 = _____

836 − 7 = _____

3 836 − 7 = _____

b) 380 − 50 = _____

6 380 − 50 = _____

26 380 − 50 = _____

c) 460 − 25 = _____

3 460 − 25 = _____

73 460 − 25 = _____

Abschied von der 4. Klasse

1 Multipliziere.

a) 8 · 4 = _____
    8 · 40 = _____
    8 · 400 = _____

b) 3 · 70 = _____
    30 · 70 = _____
    300 · 70 = _____

c) 60 · 50 = _____
    600 · 50 = _____
    6 000 · 50 = _____

2 Rechne halbschriftlich.

7 · 23 = _____
7 · 20 = _____
7 · ____ = _____

60 · 14 = _____
60 · 10 = _____
60 · ____ = _____

3 · 260 = _____
3 · 200 = _____
3 · _____ = _____

4 · 47 = _____
4 · ____ = _____
4 · ____ = _____

50 · 26 = _____
50 · ____ = _____
50 · ____ = _____

9 · 430 = _____
9 · _____ = _____
9 · _____ = _____

3 Dividiere.

a) 48 : 6 = _____
    480 : 6 = _____
    4 800 : 6 = _____

b) 270 : 3 = _____
    2 700 : 3 = _____
    27 000 : 3 = _____

c) 360 : 4 = _____
    3 600 : 40 = _____
    36 000 : 400 = _____

4 Rechne halbschriftlich.

72 : 6 = _____
60 : 6 = _____
_____ : 6 = _____

450 : 3 = _____
300 : 3 = _____
_____ : 3 = _____

356 : 4 = _____
320 : 4 = _____
_____ : 4 = _____

68 : 4 = _____
_____ : 4 = _____
_____ : 4 = _____

960 : 8 = _____
_____ : 8 = _____
_____ : 8 = _____

237 : 3 = _____
_____ : 3 = _____
_____ : 3 = _____

1 Addiere.

H	Z	E
1	2	7
+ 4	6	5

H	Z	E
3	6	4
+	8	2

H	Z	E
5	0	3
+ 2	9	5

H	Z	E
	6	8
+ 7	5	1

H	Z	E
6	7	8
+ 3	0	9

H	Z	E
2	3	7
+ 4	8	3

H	Z	E
7	5	6
+ 1	8	9

H	Z	E
8	2	4
+	7	9

H	Z	E
5	4	6
+ 3	6	5

H	Z	E
	8	6
+ 4	5	7

H	Z	E
3	0	2
4	1	6
+	5	3

H	Z	E
2	7	8
	4	1
+ 1	3	2

H	Z	E
	6	5
5	4	0
+ 2	3	7

H	Z	E
1	9	0
3	2	6
+ 4	0	8

H	Z	E
2	0	5
1	6	9
+ 5	3	1

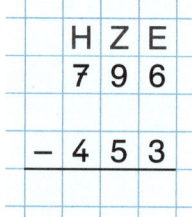

2 Subtrahiere.

H	Z	E
7	9	6
- 4	5	3

H	Z	E
6	2	1
- 2	0	8

H	Z	E
5	2	4
- 1	3	1

H	Z	E
8	0	5
- 3	9	4

H	Z	E
9	6	7
- 6	2	8

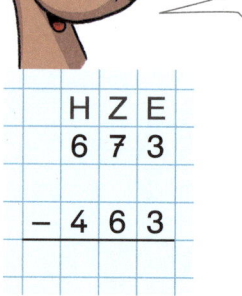

Weiter geht es auf S. 8.

H	Z	E
4	3	5
- 1	6	2

H	Z	E
2	7	8
-	9	6

H	Z	E
3	8	0
- 2	5	9

H	Z	E
6	7	3
- 4	6	3

H	Z	E
5	1	7
- 3	8	6

Schriftliches Subtrahieren (Bayern)

1 Subtrahiere. Du musst nicht wechseln.

T	H	Z	E
3	6	7	5
− 1	4	2	0

T	H	Z	E
7	8	0	2
− 4	3	0	1

T	H	Z	E
4	2	9	7
− 2	1	6	5

T	H	Z	E
6	8	3	5
− 5	7	1	4

2 Subtrahiere. Du musst einmal wechseln.

T	H	Z	E
5	6	7	1
− 3	4	5	6

T	H	Z	E
8	4	2	9
− 6	0	7	2

T	H	Z	E
2	3	5	9
−	8	1	7

T	H	Z	E
9	3	0	7
− 8	2	5	3

3 Subtrahiere. Du musst zweimal wechseln.

T	H	Z	E
4	5	9	2
− 2	7	6	5

T	H	Z	E
8	1	0	6
− 5	4	2	3

T	H	Z	E
3	9	2	5
−	6	8	7

T	H	Z	E
7	1	4	6
− 6	5	0	8

4 Subtrahiere.

T	H	Z	E
1	4	6	7
−	3	1	9

T	H	Z	E
5	1	8	0
− 4	3	6	2

T	H	Z	E
4	8	7	6
− 1	5	3	2

T	H	Z	E
6	3	2	9
− 5	8	1	7

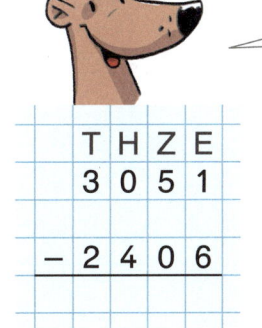

Weiter geht es auf S. 34.

T	H	Z	E
9	2	3	5
− 6	7	7	0

T	H	Z	E
8	6	4	7
− 3	2	2	3

T	H	Z	E
3	0	5	1
− 2	4	0	6

T	H	Z	E
7	8	9	6
− 1	9	3	2

Entfernungen (Bayern)

1 Wandle um in Meter.

1 km = 1 000 m

a)

	km		m		
3 km 775 m		3	7	7	5
8 km 250 m					
65 km 550 m					
10 km 500 m					
123 km 55 m					

3 775 m
_____
_____
_____
_____
_____

b)

	km		m		
6 km 427 m					
17 km 892 m					
5 km 950 m					
125 km 75 m					
9 km 9 m					

_____
_____
_____
_____
_____

2 Wandle um in Kilometer und Meter.

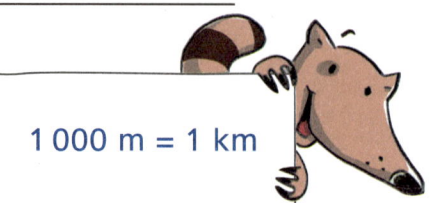

1 000 m = 1 km

a)

	km		m		
7 712 m		7	7	1	2
36 317 m					
64 368 m					
12 705 m					
225 650 m					

7 km 712 m
_____
_____
_____
_____
_____

b)

	km		m		
5 510 m					
150 300 m					
75 105 m					
13 047 m					
28 007 m					

_____
_____
_____
_____
_____

Weiter geht es auf S. 40.

Schrittweise schriftlich multiplizieren

1. Einer multiplizieren

T	H	Z	E		
1	7	2	8	·	2
			6		

$2 \cdot 8\,E = 16\,E = 1\,Z\,6\,E$
6 E an.
1 Z gemerkt.

2. Zehner multiplizieren

T	H	Z	E		
1	7	2	8	·	2
		5	6		

$2 \cdot 2\,Z = 4\,Z$
$4\,Z + 1\,Z = 5\,Z$
5 Z an.

3. Hunderter multiplizieren

T	H	Z	E		
1	7	2	8	·	2
	4	5	6		

$2 \cdot 7\,H = 14\,H = 1\,T\,4\,H$
4 H an.
1 T gemerkt.

4. Tausender multiplizieren

T	H	Z	E		
1	7	2	8	·	2
3	4	5	6		

$2 \cdot 1\,T = 2\,T$
$2\,T + 1\,T = 3\,T$
3 T an.

1 Multipliziere. Folge den Schritten, sprich und notiere.

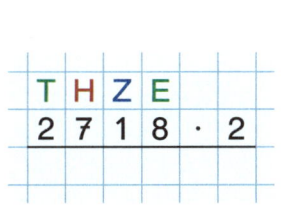

1.
$2 \cdot 8\,E = 16\,E = 1\,Z\,6\,E$
6 E an.
1 Z gemerkt.

2.
$2 \cdot 1\,Z = 2\,Z$
$2\,Z + 1\,Z = 3\,Z$
3 Z an.

3.
$2 \cdot 7\,H = 14\,H = 1\,T\,4\,H$
4 H an.
1 T gemerkt.

4.
$2 \cdot 2\,T = 4\,T$
$4\,T + 1\,T = 5\,T$
5 T an.

2 Multipliziere. Folge den Schritten, sprich und notiere.

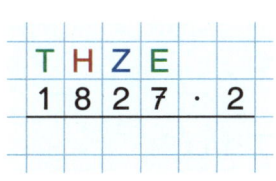

1.
$2 \cdot 7\,E = 14\,E = 1\,Z\,4\,E$
4 E an.
1 Z gemerkt.

2.
$2 \cdot 2\,Z = 4\,Z$
$4\,Z + 1\,Z = 5\,Z$
5 Z an.

3.
$2 \cdot 8\,H = 16\,H = 1\,T\,6\,H$
6 H an.
1 T gemerkt.

4.
$2 \cdot 1\,T = 2\,T$
$2\,T + 1\,T = 3\,T$
3 T an.

Multipliziere. Folge den Schritten, ergänze sie und notiere.

a)

T	H	Z	E	
1	4	2	3	· 4

1.
$4 \cdot 3\,E = 12\,E = 1\,Z\,2\,E$

___ E an.

___ Z gemerkt.

2.
$4 \cdot 2\,Z = 8\,Z$

___ Z + ___ Z = ___ Z

___ Z an.

3.
$4 \cdot 4\,H = 16\,H = 1\,T\,6\,H$

___ H an.

___ T gemerkt.

4.
$4 \cdot 1\,T = 4\,T$

___ T + ___ T = ___ T

___ T an.

b)

T	H	Z	E	
2	3	1	6	· 4

1.
$4 \cdot 6\,E = 24\,E = 2\,Z\,4\,E$

___ E an.

___ Z gemerkt.

2.
$4 \cdot 1\,Z = 4\,Z$

___ Z + ___ Z = ___ Z

___ Z an.

3.
$4 \cdot 3\,H = 12\,H = 1\,T\,2\,H$

___ H an.

___ T gemerkt.

4.
$4 \cdot 2\,T = 8\,T$

___ T + ___ T = ___ T

___ T an.

c)

T	H	Z	E	
1	5	3	7	· 5

1.
$5 \cdot 7\,E = 35\,E = 3\,Z\,5\,E$

___ E an.

___ Z gemerkt.

2.
$5 \cdot 3\,Z = 15\,Z = 1\,H\,5\,Z$

___ Z + ___ Z = ___ Z

___ Z an.

___ H gemerkt.

3.
$5 \cdot 5\,H = 25\,H = 2\,T\,5\,H$

___ H + ___ H = ___ H

___ H an.

___ T gemerkt.

4.
$5 \cdot 1\,T = 5\,T$

___ T + ___ T = ___ T

___ T an.

Weiter geht es auf S. 46.

Schau dir die Rechenschritte an. Lege sie nach.

$$4\,125 : 3 = \underline{\hspace{2cm}}$$

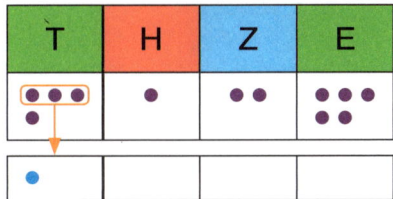

Ich beginne bei den T.
Zuerst teile ich 3 T durch 3.
Ich erhalte 1 T.
1 T bleibt übrig.
Ich wechsle 1 T in 10 H.

T	H	Z	E			T	H	Z	E
4	1	2	5	:	3	=	1		
− 3									
1									

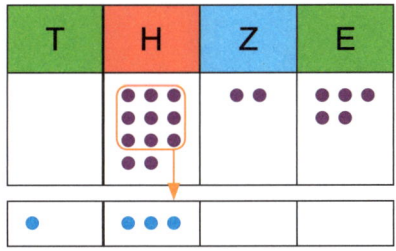

Ich nehme die H dazu ↓
10 H + 1 H = 11 H.
Ich teile 9 H durch 3.
Ich erhalte 3 H.
2 H bleiben übrig.
Ich wechsle 2 H in 20 Z.

T	H	Z	E			T	H	Z	E
4	1	2	5	:	3	=	1	3	
− 3									
1	1								
	− 9								
	2								

Ich nehme die Z dazu ↓
20 Z + 2 Z = 22 Z.
Ich teile 21 Z durch 3.
Ich erhalte 7 Z.
1 Z bleibt übrig.
Ich wechsle 1 Z in 10 E.

T	H	Z	E			T	H	Z	E
4	1	2	5	:	3	=	1	3	7
− 3									
1	1								
	− 9								
	2	2							
	− 2	1							
		1							

Ich nehme die E dazu ↓
10 E + 5 E = 15 E.
15 E kann ich ohne Rest
durch 3 teilen.
Das sind 5 E.

T	H	Z	E			T	H	Z	E
4	1	2	5	:	3	=	1	3	7	5
− 3									
1	1								
	− 9								
	2	2							
	− 2	1							
		1	5						
		− 1	5						
			0						

Lege mit Plättchen in eine Stellenwerttafel und notiere schrittweise.

a)

$6\,792 : 6 =$ _____

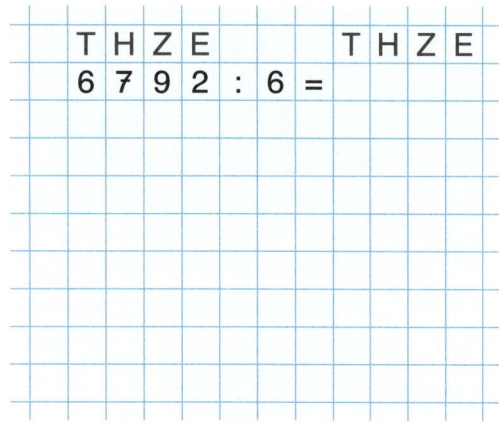

T	H	Z	E		T	H	Z	E
6	7	9	2	: 6 =				

b)

$9\,872 : 8 =$ _____

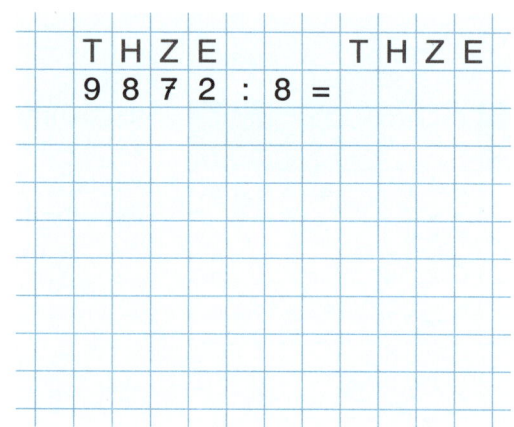

T	H	Z	E		T	H	Z	E
9	8	7	2	: 8 =				

c)

$5\,408 : 4 =$ _____

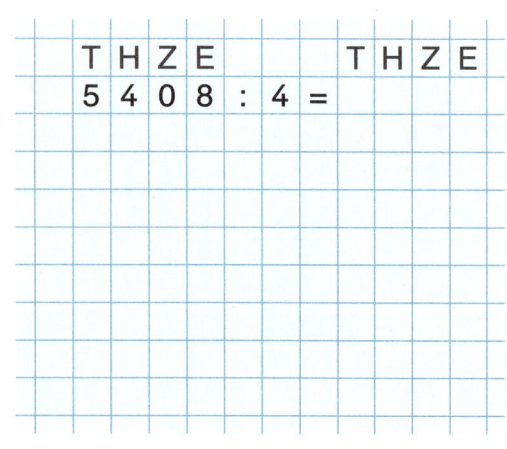

T	H	Z	E		T	H	Z	E
5	4	0	8	: 4 =				

d)

$6\,775 : 5 =$ _____

T	H	Z	E		T	H	Z	E
6	7	7	5	: 5 =				

Weiter geht es auf S. 54.

Liter und Milliliter (Bayern)

1 Wandle um in Milliliter.

1 l = 1 000 ml

a)

	l			ml			
3 l 350 ml			3	3	5	0	3 350 ml
2 l 375 ml							
1 l 075 ml							
7 l 005 ml							
0 l 750 ml							

b)

	l			ml			
1 l 225 ml							
3 l 750 ml							
5 l 500 ml							
1 l 050 ml							
1 l 005 ml							

2 Wandle um in Liter und Milliliter.

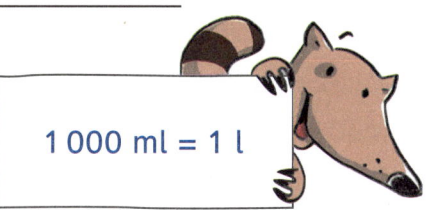

1 000 ml = 1 l

a)

	l			ml			
6 650 ml			6	6	5	0	6 l 650 ml
8 300 ml							
4 205 ml							
375 ml							
5 200 ml							

b)

	l			ml			
4 355 ml							
10 500 ml							
2 650 ml							
5 805 ml							
7 075 ml							

Weiter geht es auf S. 65.

Quellenverzeichnis

S. 34: Euroscheine, Quelle: Deutsche Bundesbank
S. 60, 61: Euromünzen © Europäische Union

Fredo 4 Mathematik

Erarbeitet von:	Mechtilde Balins, Rita Dürr, Nicole Franzen-Stephan, Ute Plötzer, Anne Strothmann und Margot Torke
Unter Beratung von:	Christian Bussebaum, Mathematisch-Lerntherapeutisches Institut Düsseldorf
Redaktion:	Antje Bauditz, Altenstadt (Hessen); Marlen Dietz
Illustration:	alle Illustrationen von Cleo-Petra Kurze, außer: Friederike Ablang (S. 9; 10; 14. Farbeimer; 41; 49; 66 o. M. r., u. r.; 67. Aquarium; 69. Aquarium), Martina Theisen (Leitfiguren: Fredo, Frida und Fips)
Grafik:	Detlef Seidensticker
Umschlagkonzept:	Mendell & Oberer, München
Umschlaggestaltung:	Corinna Babylon, Berlin
Layoutkonzept:	Erasmi + Stein, München
Technische Umsetzung:	krauß-verlagsservice, Ederheim / Hürnheim

www.cornelsen.de

1. Auflage, 1. Druck 2020

Alle Drucke dieser Auflage sind inhaltlich unverändert und können im Unterricht nebeneinander verwendet werden.

© 2020 Cornelsen Verlag GmbH, Berlin

Druck: H. Heenemann, Berlin

ISBN 978-3-637-02610-0